자아존중감 형성

&

존중의 공동체
문화 만들기

1

평화롭고 안전한 공동체를 위한 ——

서클타임

실/전/매/뉴/얼/개/정/판

비폭력 평화물결
Nonviolent Peaceforce Corea

목차

3. 실전매뉴얼

4. 부록

들어가며

추천사

우리 단체는 2000년대 하반기부터 퀘이커 평화훈련 모델인 '삶을 변혁시키는 평화훈련'(AVP; Alternative to Violence Project)'과 '청소년평화지킴이(HIPP; Help Increase Peace Program)'의 활동가 양성과 그 확산에 오랜 노력을 쏟아왔습니다. 저는 한국에서 평화감수성 훈련을 하는 데에 있어서, 강의방식이 아니라 둥글게 모여앉아 활동과 놀이로 평화에 대한 경험적 체험학습을 하는 방식을 시작한 것은 우리단체로부터라는 긍지를 가지고 있습니다.

그 경험을 학교에서 공유할 수 있기 위해 호주 등지에서 AVP/HIPP 진행모델의 축소판인 '서클타임'이 이미 진행되어오는 것을 한국의 학교 현장에 맞게 서클 진행자들이 직접 손쉽게 교실에 적용할 수 있도록 2010년대 중반부터 서클타임 매뉴얼을 공급해 왔습니다. 이를 통해 전국의 학교 현장에서 학생들이 역동적이고, 흥미롭게 대화와 놀이, 활동을 통해 경험을 나누면서 이 과정에서 나오는 경험에 대한 통찰이 주입식이 아니라 몸과 의식에 서서히 스며드는 변화들을 목격하게 되었습니다.

2020년 이후 코로나로 인해 학생들은 교우들과의 기나긴 단절, 가정에서의 방치로 인한 정신 외상의 증세 등을 경험하였고, 이로 인해 힘든 학생과 위기학급의 숫자가 폭발적으로 증가하였습니다. 위기학급에 있어 서클타임의 기본 진행방식과 몇 가지 서클 프로세스 방식은 학급의 안정화에 큰 효과가 있습니다.

여전히코로나의여파로힘든학급에있어, 그리고청소년들간의관계형성에있어어려움이많은이때, 서클타임 매뉴얼이 다시 수정·보완되어 나오는 것은 시기적절한 일입니다. 수고한 스탭들의 노력에 감사하며, 이 출판물이 청소년 교육현장과 여러 평화감수성이 필요한 교육에 도움이 되길 기대합니다. 특히, 자기 존중감과 존중어린 공동체는 서클타임의 기본이자 앞으로 더 나가는 여러 주제들인 관계형성, 의사 소통, 감정다루기, 갈등해결, 기획과 마음의 일치를 통한 결정 등에로 나갈 수 있는 힘을 부여해 줍니다. 앞으로 나올 시리즈물로서 서클타임 매뉴얼도 기대해 주시길 바라며 우리 단체의 고유한 기여중 하나인 서클타임이 널리 활용되기를 마음 모아 축하합니다.

– 박성용 대표(Ph.D in Religion)/비폭력평화물결

서문 - 평화가 일상이 되기를 기대하며

> 넓은 원을 그리며 나는 살아가네
> 그 원은 세상 속에서 점점 넓어져 가네
> 나는 아마도 마지막 원을 완성하지 못할 것이지만
> 그 일에 내 온 존재를 바친다네
>
> -라이너 마리아 릴케 <넓어지는 원>

〈서클타임 실전매뉴얼〉은 비폭력평화물결(사회적협동조합 평화물결)이 한국 사회와 학교 현장에 서클을 적용하기 위해 연구하고 개발한 다양한 의식(열기와 닫기), 연결하기, 활동과 놀이 등을 담고 있습니다. 서클타임 실전매뉴얼이 출간된 이후 많은 공동체와 학교, 개인이 서클타임을 경험하고, 그것을 자신의 현장에 적용하면서 서클이 확장되어 왔습니다. 점점 더 많은 그룹과 개인에게 서클타임 실전매뉴얼의 존재가 알려지고 요청되는 이 놀랍고 감사한 현실에 응답하고자 개정판을 출간하게 되었습니다.

본 개정판은 비폭력평화물결 물들이연구소의 수고와 헌신, 가슴 뛰는 열망으로 기획되었으며, 두 가지 방향에서 변화를 주었습니다.

첫째, 기존 매뉴얼에서 함께 다루던 주제들(1. 자아존중감 & 존중의 공동체 형성, 2. 의사소통 & 공동체 구축, 3. 사회정의와 왕따다루기)을 따로 구분하여 개별적인 매뉴얼로 확장했습니다. 이것은 그동안 평화 물결이 다양한 그룹을 만나며 추가한 내용들을 담아 각각의 주제에 대해 더 풍성한 서클로 기획할 수 있도록 하기 위함입니다.

둘째, 새로운 주제들이 포함됩니다. '안전과 불안전', '감정 다루기' 등 현시대를 살아가는 우리에게 필요한 영역을 계속해서 발굴하고 연구 개발하여 서클타임 실전매뉴얼로 출간될 예정입니다.

〈서클타임 실전매뉴얼 개정판〉을 통해, 보다 다양한 서클을 기획하고 진행하고자 하는 분들에게 도움이 되기를 기대합니다. 이 매뉴얼이 평화의 삶을 안내하는 하나의 이정표가 된다면 더 바랄 것이 없겠습니다.

릴케의 시가 말하는 것처럼, '원을 그리며 살아가는' 이들이 세상에서 더 넓은 원을 만나고 함께 그려가는데에 비폭력평화물결이 기쁜 마음으로 참여하고 보탬이 될 수 있도록, 지지와 응원을 부탁드립니다.

여러분의 삶에 평화의 빛이 비치기를 기원합니다.

**물들이연구소는 비폭력평화물결 내에 평화교육과 관련한 서클 및 이슈를 연구, 개발하거나 번역하여 적용하는 일을 중심으로 하고 있습니다. 서클 페다고지(CIRCLE pedagogy)를 통해 단순한 교육 프로그램이나 모델을 넘어, 한 개인의 삶을 온전함으로 빚어가는 교육을 펼치고자 합니다.

서클페다고지

1. C – Connection (연결) : 서클은 개인 간의 깊은 연결을 촉진합니다. 이는 서로의 경험을 공유하고, 공감대를 형성하는 데 중요합니다.

2. I – Improvement (성장) : 서클은 자신의 상태나 조건을 더 좋게 만드는 과정을 의미합니다. 지속적인 개선은 습관 형성, 함께 성장하기, 더 성스러운 또는 온전한 존재로 발전하는 데 필수적인 과정입 니다.

3. R – Respect (존중) : 서클은 상호존중하며 안전하고 긍정적인 분위기를 만듭니다.

4. C – Compassion (연민) : 서클은 도전이나 단점에 직 면했을 때 자신과 타인에 대한 이 해와 연민, 친절을 품습니 다. 서클은 취약성을 있는 그대로 드러낼 용기, 실패로부터 배우고 받아들일 인내심, 지속적으로 연습하고 성장할 의지를 가지고 있습니다.

5. L – Learning (배움) : 서클은 지속적인 학습과 성장의 장입니다. 경험을 통해 배우고, 서로로부터 배우며, 함께 성장합니다.

6. E – Empowerment (권한 부여) : 서클은 참여자들에게 자기 결정권과 책임감을 부여하여, 개인적 및 집단적 역량을 강화합니다.

매뉴얼 활용법

 본 책은 서클타임을 경험하신 후에 활용방법에 대한 자세한 안내를 담고 있습니다. 책에서 안내하는 내용을 참고하셔서 현장의 상황에 맞게 다양하게 사용하시기를 권장합니다. 다음은 매뉴얼을 조금 더 잘 활용하기 위한 제안입니다.

 1. 서클타임 워크숍에 참여합니다.

 – 서클타임 워크숍을 통해 온전히 서클을 경험한 뒤, 실전에 활용하시기를 추천합니다.

 * 현재 서클타임 워크숍은 〈서클로 하는 평화교육 전문가〉과정의 3급 교육에 포함되어 있습니다.

 2. 진행자(교사)는 참여자(학생)의 수, 상태, 필요와 함께 교육 장소를 먼저 파악합니다.

 – 참여자 중 거동이 불편한 사람이 있는지, 특별한 관심이 필요한 사람이 있는지를 먼저 확인합니다.

 – 원으로 동그랗게 앉는 서클의 배치를 고려할 뿐 아니라, 움직임이 많은 서클타임의 특성상, 여유 있는 공간과 의자를 확보하는 것이 중요합니다. (여분의 의자가 필요한 경우도 있습니다.)

 3. 상황에 맞게 진행안을 계획합니다.

 – 교육차시에 맞게 서클의 구조를 확인하고, 참여자들의 상황을 고려하여 진행안을 계획합니다. (p.17 서클타임 시간 배분 참고)

 * 팀 진행을 하게 된다면, 진행자 각자가 경험했던 서클타임에서 의미 있었던 부분과, 참여자들을 어떤활동으로 초대할지를 함께 논의합니다. 이 과정에서는 진행안을 만드는 것과 함께 공동 진행자와 안전한 공간(관계)을 구축하는 것이 중요합니다.

 4. 진행안에 따라 미리 준비물을 마련합니다.

 5. 참여자들에게 편안한 복장으로 참여할 수 있도록 안내합니다.

 – 다양한 활동을 즐겁고 편안하게 경험하기 위해 필요함을 전달합니다. 이 외에도 진행자로서 참여자들에게 안내하고 싶은 내용이나 확인할 것이 있다면 함께 전달합니다.

 6. 최소 교육시간 10분 전까지는 교육 장소를 세팅합니다.

 – 의자를 원형으로 배치하고, 센터피스도 각 주제에 맞게 설치합니다. 교육 장소의 온도, 습도가 적절할수 있도록 준비하고, 각 활동과 놀이의 준비물도 다시 한번 확인합니다.

 7. 진행안을 참고하여 서클타임을 진행합니다.

 8. 진행 후, 진행자 피드백을 통해 진행자로서 축하하고 싶은 점과 수정 보완하고 싶은 점을 성찰하는 시간을 갖습니다. 피드백을 할 때는 아쉬운 점, 미흡했던 점보다는 축하하고 지지하는 데 에너지를 집중합니다.

자아존중감 형성 & 존중의 공동체 문화 만들기

서클타임에 대하여

1) 서클의 역사

인류에게 있어서 불의 발견은 집단을 확장시키는 데에 큰 역할을 했다. 가운데에 놓인 불 주변으로 이웃들이 모여들었고, 그들로 인해 서클(circle; 원)이 형성되면서 생명을 유지할 수 있는(음식을 익히거나, 밤에도 동물들로부터 습격 받지 않도록 하는) 안전한 공간이 만들어진 것이다. 이후, 오랜 시대에 걸쳐 인류는 공동체 안에서 일어나는 일과 문제를 서클로 앉아 이야기함으로써 서로에 대한 이해를 높이고, 가르치고 배우며 문제를 해결하거나 미래를 위한 계획을 세워왔다. 서클은 전체성, 평등성, 지속성, 보편성, 일치, 포함 그리고 돌봄 등을 상징한다. 서클 안에서 힘은 서로에게 골고루 나누어진다.

서클은 오랜 세월 다양한 문화 속에서 인류문명과 함께 해 왔다. 만물의 신성함과 이에 대한 존중의 문화를 가졌던 북미 원주민의 의료 바퀴(medicine wheel; 메디슨 휠)의 상징은 전통적으로 공동체가 의사결정과 갈등 해결의 수단으로 서클을 사용한 것에 대한 한 예이다. 1970년대부터 시작된 '삶을 변혁시키는 평화 훈련(AVP; Alternatives to Violence Project)', '청소년 평화 지킴이(HIPP; Help Increase Peace Program)'는 미국의 시민인권운동 활동가들 중 특히 퀘이커 평화운동가들이 사회변혁을 위한 회복적 실천(restorative practice)으로서 교도소 재소자 문제나 청소년 폭력 문제를 서클 형태로 학습할 수 있도록 전수해 온 서클 모델들이다.

<참고 : 메디슨 휠 그림>

2) 서클타임의 역사

교육 분야에서 본격적으로 '서클타임'이란 이름으로 나온 저작들은 주로 초기에는 제니 모슬리(Jenny Mosley), 바바라 메인스(Barbara Maines), 조지 로빈슨(George Robinson), 테레사 블리스 (Theresa Bliss), 마가렛 콜린스(Margaret Collins) 그리고 무레이 화이트(Murray White), 최근에는 티나 로에(Tina Rae), 찰리 스미스(Charlie Smith) 그리고 앤드류 풀러(Andrew Fuller)와 같은 저자들에 의해 '서클타임'이라는 틀을 가지고 다양한 내용을 시도하며 풍성하게 지금도 발전시켜오고 있다.

90년대부터는 '서클타임'을 통해 자존감이 증대되고, 교실 안에서 관계와 행동을 향상시키는 데 중요한 공헌을 한다는 것이 알려지면서 영국, 호주 등에서 어린이와 청소년의 사회성, 감정적 관계를 위한 '서클타임'이 공식적으로 학교에서 커리큘럼화 되기 시작했다.

특히 다중지성 학자인 골만(Goleman)이 감정 지성과 관계 지성의 중요한 역할을 강조함으로써 학계와 공공교육 기관에 퍼지게 되었다. 골만의 연구 이후 2000년대 중반부터는 사회적 감수성교육(SEL; Social and Emotional Learning)이 미국을 중심으로 널리 퍼지기 시작했고 미주 전국 교원단체인 ESR(Educator for Social Responsibility)는 자체의 출판사를 통해 이에 대한 수많은 커리큘럼들을 공급할 정도로 발전되어 가고 있다.

한국에서는 2000년대 후반에 비폭력평화물결(사회적협동조합 평화물결)이 평화감수성 교육으로 서클로 하는 수업을 지역아동센터, 대안학교를 시작으로 점차 공교육에 평화 수업으로 들어가면서 서클로 하는 체험형 수업의 긍정적인 결과들을 확인한 바 있다. 2015년 이후 회복적생활교육의 일환으로서 갈등 예방과 공동체 구축의 차원에서 '서클타임'의 수요가 폭발적으로 증가하여 서울, 경기, 인천 등 수도권뿐 아니라, 충남, 경남 등의 초, 중, 고등학교에서 분기 및 학기별로 학생, 교사, 학부모들과 서클 안에서 함께 만나고 있다.

3) 서클타임 이해

 '서클타임'은 원으로 앉아 활동과 놀이를 통해 다양한 학습주제들을 배우고, 재미와 긍정적인 에너지 경험은 물론 약한 관계를 강화시키고, 깨진 관계를 회복시키는 서클 모델이다. 서클타임은 '관계의 재긍정'과 '관계의 복구'에 적용할 수 있는 회복적 실천의 한 방법으로 학교 현장에서 실시되고 있는 회복적 생활교육(Restorative Discipline)에도 큰 기여를 하고 있으며, 또한 사회 감수성을 발전시키는 데에도 기여할 수 있다. 서클타임에서 진행자(교사), 참여자(학생)는 함께 배움에 기여하고 서로에게 배움의 즐거움을 선물하는 관계가 된다.

◉ 서클타임의 기대효과

 서클타임은 따뜻한 공동체 형성과 공동체 구성원의 친화력, 학습태도, 의사소통, 자기표현 능력을 향상시킬 수 있다. 특히 학교에서 폭력이 발생한 경우, 관계를 회복시키는 데에는 많은 시간이 필요하며, 관계 회복이 전혀 불가능한 상황으로 치닫기도 한다. 그러나 정기적으로 서클타임을 경험하는 경우, 공동체 구성원(학생, 교사 포함)의 신뢰 관계를 미리 형성할 수 있어 대부분의 갈등을 미리 예방할 수 있다. 갈등이 발생되더라도, 서클타임을 통해 쌓아두었던 신뢰를 통해 보다 수월하게 극복할 수 있게 된다. 서클타임의 기대효과는 다음과 같다.

 : 갈등을 예방함으로써 갈등을 다루는 시간을 줄여 주어 시간을 효율적으로 사용하도록 돕는다.
 : 공동체의 분위기를 긍정적으로 형성한다. 구성원 각자가 긍정적이고 건설적인 소통능력을 갖춤으로써 공동체 구성원의 관계가 원만하게 형성되기 때문에 서로 협력하는 따뜻한 분위기가 만들어진다.
 : 구성원의 사회적 기술을 발달시켜 친밀하고 협력적인 관계를 구축한다. 약자를 괴롭힘과 폭력적인 행동이 줄어들고 서로 존중하고 배려하는 관계를 형성한다.
 : 구성원이 의사소통에 관한 태도와 기술을 익히게 된다. 내적 감정을 안전하게 표현하는 자기 표현능력이 향상된다.
 : 공동체 생활뿐 아니라, 구성원 개인의 일상생활에서도 폭력, 강제와 비난, 그리고 수치심을 전환시키는 회복적 실천이 가능하도록 돕는다.

– 서클타임에서 경험하는 것
 : 자신의 성취나 재능을 긍정적으로 말하기
 : 서로의 차이를 발견하고 인식하기
 : 도전적 과제를 그룹 안에서 함께 해결하기
 : 실수나 잘못에 대응하는 대안 방법 찾기
 : 부정적 감정을 창조적으로 전환하기(자신의 감정을 안전하게 다루기)

– 서클타임이 가능한 적용 시기

서클타임의 적용이 가능한 가장 이상적인 시기는 특정한 관계 패턴이 형성되기 이전이다. 이러한 상황에서 긍정적으로 관계를 형성하는 데에 서클타임의 효과가 가장 크게 발현될 수 있다. 이미 갈등이 있는 관계에도 적용할 수 있는데, 다만 심각한 갈등보다는 경미한 갈등의 회복이나 더 큰 갈등의 예방을 위해 적용하는 것이 적절하다. 아주 심각한 폭력이나 갈등이 있었던 공동체(학급, 학교)에 적용했을 경우, 회복되는 시간이 오래 걸릴 수 있다.

- 새로운 그룹 형성 직후 혹은 학기 초 : 관계 형성과 갈등 예방
- 학기 시작 후 정기적(주, 월 1회) : 공동체(학급)내의 관계 강화
- 학기 중반 : 평화로운 의사소통, 상호 존중, 갈등을 평화로 전환하기
- 학급의 야영이나 캠프 : 친밀한 관계 형성, 공동체 구축
- 학교 임원의 리더십 프로그램 : 평화리더십 형성
- 학교 자체 2박 3일 캠프 : 평화감수성 강화
- 학교 교직원 연수 : 공동체(학교) 내의 갈등 예방, 교직원 문화 전환
- 학부모 연수 : 자녀, 교사와 긍정적인 관계 형성, 평화로운 의사소통
- 종교단체의 수련회 : 따뜻하고 즐거운 관계 형성

– 학급(학교) 운영의 관점에서 바라보는 서클타임

정기적으로 서클 안에서 교사와 학생들이 꾸준히 만나면 서로 협력하며 긍정적이고 즐거운 분위기가 학급에 형성된다. 체험적 학습 방법에 기초한 활동과 놀이를 통해 자기 인식, 타인 배려, 자존감, 협력, 신뢰, 공동체의 형성을 향상시키는 결과를 가져온다. 자신과 동료가 무엇을 중요하게 생각하는지 인식하고, 자신의 감정을 잘 표현하고 온전히 경청하게 되어 서로의 갈등도 잘 풀어가고 차이도 극복할 수 있게 된다. 서로 소통하는 공간이 따뜻하고, 서로 존중하며 배려하는 분위기를 통해 평화롭고 안전한 학급 분위기로 전환된다.

4) 서클타임의 구조

서클 열기 (여는 의식)

진행자는 참여자들이 온전하게 서클타임에 임할 수 있도록 환대의 공간을 형성하는 시간을 마련한다. 함께 침묵하거나 여는 시, 글 등을 통해 공간을 열고, 오늘의 일정을 소개한다.

연결하기 (체크-인)

토킹피스(토킹스틱)를 사용하여 돌아가면서 이야기를 나눈다. 이때, 진행자는 참여자들에게 현재의 느낌과 상태를 확인하며, 긍정적인 마음으로 서클에 임할 수 있게 열린 질문을 던져 연결을 돕는다. 참여자들이 자신의 상태를 보다 잘 표현하기 위해 감정카드, 시, 사진, 노래 등의 다양한 방식을 사용해도 좋다.

연결하기 예시 질문

- 나에게 초능력이 생긴다면?
- 최근 나를 설레게 하는 것이 있다면?
- (느낌 카드, 카카오톡 이모티콘, 캐릭터 등을 활용하여) 나의 느낌과 비슷한 것을 고른다면?
- 오늘 이곳으로 오는 길에 무엇을 보았는지?
- 지난 주말 가장 인상 깊었던 것 한 가지(사건, 경험, TV프로그램 등)?
- 주위 사람들에게 자랑하고 싶은 것 한 가지는?
- 나의 기분을 나타내주는 색깔과 그 이유는?
- 새롭게 한 주를 시작할 때 자신이 꼭 하고 싶은 일은?

토킹피스(토킹스틱)란?

토킹피스는 북미 원주민들이 원으로 둘러앉아 이야기를 나눌 때 사용하던 도구이다. 서클에 참여하는 모든 이들의 이야기를 들을 수 있도록 도와주는 도구로 두 가지 역할을 한다. 첫 번째는 토킹피스를 가지고 있는 사람이 이야기를 하도록 돕는 역할이고 두 번째는 서클의 다른 참여자들이 토킹피스를 가지고 있는 사람의 이야기를 경청하도록 돕는 역할이다.

토킹피스는 공동체의 상징물, 혹은 서클 참여자의 의미 있는 물건을 사용하거나 진행자에게 의미 있는 물건을 사용할 수 있다.

자아존중감 형성 & 존중의 공동체 문화 만들기

우리들의 약속

우리들의 약속은 안전한 서클의 공간을 형성하는 감정의 컨테이너 구실을 하는 매우 중요한 요소이다. 우리들의 약속 시간에는 서클의 참여자들이 그날의 서클이 안전하고 편안하기 위해 제안하는 것들을 수정과 동의를 거쳐 약속으로 만들어내는 과정을 경험한다. 이 과정을 통하여 서클의 참여자들은 자신과 공동체가 중요하게 여기는 것이 무엇인지 확인하게 된다. 자신들이 제안하고 동의한 약속을 통하여 기꺼이 함께 공동체를 가꾸게 된다. 우리들의 약속은 한 번 만들고 끝내는 것이 아니라 서클이 진행되는 동안 약속의 작동을 확인하는 작업을 통해 수정 및 보완, 삭제가 가능하다.

일반적인 배움의 장에서는 진행자, 혹은 강사에 의해 주어진 규칙에 집단을 통제하지만, 서클에서는 약속을 통해 서클의 구성원들이 자발적으로 서로를 돌보게 된다. '우리들의 약속'은 통제의 도구가 아니며, 참여자들이 기꺼이 서클에 참여하도록 돕는 도구임을 잊지 말아야 한다.

시간이 적을 때의 약속 정하기 tip

약속을 정하는 시간이 부족한 경우에는 2-3가지의 제안을 진행자가 미리 정해서 동의를 구하는 방식으로 선택할 수도 있다. 동의가 이루어지지 않을 경우, 그 사람이 중요하게 여기는 것이 무엇인지를 묻고, 참여자들이 중요하게 생각하는 것이 약속에 포함될 수 있도록 돕는다.

충전놀이

충전놀이는 친한 참여자들끼리 앉아 있는 경우 서로의 위치를 바꾸는 간단한 자리 바꾸기 놀이부터 역동적인 소그룹 놀이까지 가능하다. 충전놀이는 침체된 분위기에서 에너지를 높이고자 할 때나 들뜨고 산만한 분위기를 환기시킬 필요가 있을 때 에너지의 전환을 돕는다.

관계적 배움에서는 관계의 질이 배움의 질을 결정한다. 그런 점에서 놀이는 관계를 잇는 접착제로써 중요한 역할을 한다. 충전놀이는 관계의 증진과 에너지 전환에 목적이 있기 때문에 이기고 지는 것에 중점을 둔다거나 술래에게 수치심을 주는 벌을 주지 않도록 한다.

활동과 성찰하기

서클타임의 배움은 활동의 경험과 이에 대한 성찰을 통해 일어난다. 이 책에서 소개하는 주제는 다음과 같다.

서클타임 1- 자아존중감 형성, 존중의 공동체 문화 만들기
(자아존중감, 자기긍정, 정체성, 감정 다루기)

배움의 핵심은 활동 후에 무엇을 느꼈는지, 일상생활과 연결할 수 있는 부분은 무엇인지에 대한 열린질문에 있다. 각 활동이 이루어진 후, 바로 몇 가지 질문과 함께 성찰을 이어나간다. 성찰은 질문을 통한 대화로 주로 진행되지만, 참여자들의 상황에 따라서 오감을 이용한 성찰로 이어질 수도 있다.

전체성찰(체크-아웃)

참여자들이 서클타임을 통해 얻은 다양한 감정과 배움이 일상생활로 이어지게 한다. 진행자는 배움의 공간이 안전하게 마무리되기 위해 참여자들에게 구체적인 감사와 축하를 한다.

전체성찰 예시 질문

· 오늘 제일 재미있었던 일은?
· 다음 시간에 기대되는 것은?
· 오늘 깨달은 가장 중요한 것은?
· 오늘의 서클타임을 음식으로 표현한다면 무엇이고 왜인지?
· 나에게 도움이 되었던 것은?
· 마무리하면서 자신에게 칭찬 혹은 축하하고 싶은 것이 있다면?

서클 닫기 (마무리 의식)

마무리 의식은 서클타임에서 보낸 시간을 정리하고 일상으로 혹은 다른 수업으로 나오기 위한 의식적 절차이다. 마무리 의식은 아무리 짧아도 '마무리'라는 확인을 표현하는 의식이 필요하다. 이를 통해 오늘의 서클타임 경험으로부터 안전하게 나오도록 자기 정리를 할 수 있고 학습 공동체로서 자기 확인을 하게 되며, 서로 하나라는 소속감을 향상시킬 수 있는 기회를 제공한다.

5) 서클타임 구성 (시간 배분)

이 책은 서클타임을 파트1, 2로 나누어 제안한다. 파트1에서 제안하는 매뉴얼은 약 6시간의 워크숍 분량으로 하루 워크숍에 적합하며, 파트2에서 제안하는 매뉴얼은 2-3시간의 단시간 분량으로 학교에서 수업으로 진행하거나 정기적으로 서클타임을 진행하는 공동체의 경우에 적합하다. 서클타임은 이 외에도 상황에 맞게 몇 블록으로 구성할 수 있는데, 이에 대해 다음의 방법을 제안한다.

내용	시간			
	소요시간 (분)	한 블록 (80-90분)	한 차시 (45-50분)	짧은 시간 (15-20분)
서클 열기-환영	5	○	○	○
연결하기(체크인)	10~15	○	○	○
우리들의 약속	5~10	○	○	
충전놀이 1	5	○	○	
활동 1	15~20	○	○	
충전놀이 2	10	○		
전체성찰(체크아웃)	20	○		
서클 닫기-마무리	5	○	○	○

실전매뉴얼

1) 하루 워크숍 매뉴얼 – 자아존중감 & 존중의 공동체 문화 만들기
2) 단시간 매뉴얼
 - 2차시 교안
   자아존중감 형성1 – 사람보물찾기
   자아존중감 형성2 – 질문해도 될까요?
   자아존중감 형성3 – 감정카드
   존중의 공동체 문화 만들기 – 함께 꾸는 꿈
 - 3차시 교안
   자아존중감 형성4 – 나를 소개합니다.

1_하루 워크숍 매뉴얼

- 자아존중감 형성 & 존중의 공동체 문화 만들기

1) 진행안

오전	
서클 열기	진행자 소개, 일정안내
연결하기	<서클타임에서 꼭 경험했으면 하는 것은?>
우리들의 약속	"안전한 공간을 위해 내가 할 수 있는 일이 있다면?"
충전놀이1	여행을 떠나자
활동1	감정지도
쉬는 시간	
충전놀이2	한 줄 서기
활동2	마법 상자
서클마무리	비행기 날리기

점심시간

오후	
서클열기	몸으로 하는 경청
충전놀이3	릴레이 박수
활동3	특별한 날
쉬는 시간	
충전놀이4	영화관에서
서클 마무리	세차
전체성찰	오늘 하루를 보내며 서클타임에서 가져가는 것은?
서클닫기	지지서클
평가지 작성	(선택사항)

2) 진행 순서에 따른 매뉴얼

서클 열기(환영, 소개-일정, 진행자, 공간)

목   적 : 환대 및 서클의 공간 열기
소요시간 : 5~10분

---

① 진행자는 참여자와 진행자의 수에 맞게 의자를 원으로 배치하고, 센터피스를 놓는다. 시작하기 전에 몸을 안정시킬 간단한 다과나 음악을 준비해 참여자들을 환대한다.

② 시간이 되어 모두가 자리에 앉으면 간단한 환영의 말을 건넨 후, 종을 울려 침묵을 초대한다.

"이 자리에 모인 여러분 모두를 환영합니다. 오시는 길 분주하셨으리라 생각되는데요.
우리의 몸은 이 자리에 있지만, 바쁜 일상으로 인해 우리의 생각과 마음은 아직 이 자리가 아닌 다른 곳에 있지는 않은지요. 잠시 침묵을 초대해 다른 곳에 있는 우리의 생각과 마음을 몸이 있는 이 자리로 불러와 보려고 합니다. 종이 울리면 침묵에 들어가고, 또 한 번 종이 울리면 침묵에서 나오겠습니다.
(타종) 네, 함께 침묵에 응해 주셔서 고맙습니다."

③ 일정과 진행자, 공간에 대한 소개를 한다.

TIP! 일정표를 미리 간단하게 적어 놓으면 도움이 된다.

"반갑습니다. 저는 오늘 서클을 함께 하게 될 진행자 OOO입니다. 오늘 우리의 일정을 살펴보면 다음과 같습니다. (일정표 확인) 이 공간은 편안히 사용하시면 되고요, 화장실은 문 밖으로 나가셔서 오른쪽으로 돌아가시면 바로 있습니다."

　　　　　　　　　　　　　　　　　　　자아존중감 형성 & 존중의 공동체 문화 만들기

연결하기 <서클타임에서 꼭 경험했으면 하는 것은?>

목   적 : 친밀해지기, 지지하기, 공동체 구축
소요시간 : 20~30분 (참여자 수에 따라 달라질 수 있음)
준 비 물 : 펜, 전지, 포스트잇

① 연결하기 시작을 알린다.	"이제 진행자들의 목소리만이 아니라 우리 모두의 목소리를 함께 들어보려고 합니다."
② 토킹피스에 대해 안내한다.	"제가 토킹피스를 들고 있는데요. 토킹피스는 서클 안에서 두 가지 역할을 합니다. 우선, 이것을 들고 계신 분은 이야기를 할 수 있도록, 나머지 분들은 이것을 들고 계신 분이 이야기를 할 때 잘 들어줄 수 있도록 돕는 역할을 합니다."
③ 포스트잇와 펜을 나눠 준 후 진행자는 질문을 제시한다. 참여자들이 그 질문에 대한 답을 포스트잇에 적도록 안내한다.	"먼저, 포스트잇와 펜을 하나씩 나눠드릴게요. 둘 다 받으신 후에는 '오늘 서클타임에서 꼭 경험했으면 하는 것'이 무엇인지 하나씩 적어 보는 시간을 갖겠습니다."

④ 참여자 모두가 준비되면, 진행자는 이야기 나눌 내용을 제안한다.

1) 이름
2) 지금의 느낌
3) 오늘 서클타임에서 꼭 경험했으면 하는 것
* 시작하기 전에 함께 생각할 시간을 충분히 갖는다.

④-1. 진행자가 제안하는 순서대로 순차적으로 이야기 한다.

"다 적으셨나요? 그럼 이제 토킹피스를 존중하며 한 분 한 분의 목소리를 듣고자 하는데요. 자신의 이름, 지금 나의 느낌, 그리고 마지막으로 여러분이 지금 적으신 내용을 말씀해주시면 됩니다.
간혹 앞 순서의 사람이 이야기할 때, 내 이야기를 준비하느라 그 사람의 말을 잘 듣지 못하는 경우가 있기 때문에, 다른 사람의 말을 잘 들을 수 있도록 함께 생각하고 이야기를 시작하겠습니다. 잠시 함께 생각하는 시간을 갖겠습니다."

⑤ 진행자로부터 오른쪽으로 돌아가면서 이야기하고, 듣기를 시작한다.

"자 말씀하실 내용이 다 준비되셨나요? 저부터 오른쪽으로 돌아가면서 이야기를 해 보도록 하겠습니다. 괜찮으실까요?"

⑥ 마무리를 한다.

"모두 처음이라 어색할 수도 있는데, 기꺼이 이야기를 들려주셔서 감사합니다."
"이제 각자가 적은 포스트잇을 가운데에 붙여 볼게요."

연결하기 TIP

* 다른 이의 이야기를 경청하기 위해 함께 생각할 시간을 준다.
* 서클이 낯선 참여자를 위해 진행자가 먼저 시작한다.
* 참여자들이 말하고 싶지 않아 할 때, 참여자의 선택을 최대한 신뢰한다.
* 참여자들이 주제를 벗어난 이야기를 하는 경우라도 그 사람의 선택을 존중하여 최대한 안전하게 말할 수 있는 공간을 허용한다.
* 연결하기 도중에 늦게 도착한 참여자가 있을 경우, 다음 사람으로 넘어가기 전에 참여자들에게 양해를 구하고 간단한 환영과 함께 연결하기 주제를 안내한다.

자아존중감 형성 & 존중의 공동체 문화 만들기

우리들의 약속

목　　적 : 안전한 소통의 공간 만들기
소요시간 : 5~10분 (그룹 특성상 안전한 공간 구축이 필요한 경우, 시간이 더 소요될 수 있음)

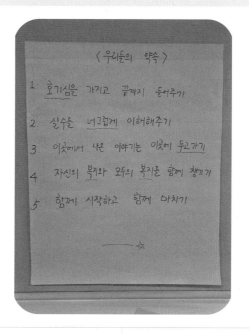

① 서클타임 시간에 적용되는 우리들의 약속에 대해 설명한다.

"지금부터 있을 서클타임의 이 시간과 이 자리가 서로에게 안전한 공간이며, 서로를 존중해줄 수 있는 대화의 장소가 될 수 있도록 우리 스스로가 우리를 위한 약속을 만들어 보려고 합니다."

"이 자리가 우리에게 조금 더 편안하고 안전한 공간이 되려면 어떤 약속들이 필요할까요? 떠오르는 의견들이 있으시면 제안해 주세요."

② 참여자들로부터 제안을 받고, 모두의 동의가 이루어지면 약속으로 정한다.

TIP! 동의가 이루어지지 않을 경우, 그 사람이 중요하게 여기는 것이 무엇인지를 묻고, 참여자들이 중요하게 생각하는 것이 약속에 포함 될 수 있도록 돕는다.

약속의 예)
- 친구의 이야기를 끝까지 들어주기
- 내 이야기를 하기
- 사적인 이야기는 보호해주기
- 종이 울리면 침묵하기
- 실수해도 되기

충전놀이 1. 여행을 떠나자

목   적 : 창조적으로 상상하기, 자기 인식, 차이인식, 다양성의 수용.
소요시간 : 10~20분

① 진행자는 자신의 의자를 뒤로 빼 놓아 참여자의 수보다 의자의 개수가 하나 더 부족하게 만든 뒤, 가운데에 선다.

"여러분, 여행 좋아하시나요? 저는 일상에서 얻지 못하는 새로운 쉼이나 도전을 여행을 통해 많이 얻곤 하는데요. 그래서 여기 계신 선생님들과 함께 여행을 떠나보려고 합니다."

② 진행자는 원의 중앙에 서서 놀이 방법을 안내한다.

"지금부터 우리가 여행을 떠나고자 합니다. 이제부터 제가 어떤 이야기를 할 텐데요. 그 이야기에 해당되시는 분들은 그 자리에서 일어나시면 됩니다. 그리고 가운데에 있는 사람이 한 손을 들며, '여행을!' 이라고 외치면, 자리에 서 계신 분들이 모두 '떠나자!'라고 외치고, 지금 내가 앉은 자리와 양 옆자리를 제외한 다른 빈 의자에 가서서 앉으시면 됩니다."

자아존중감 형성 & 존중의 공동체 문화 만들기

③ 진행자는 설명 후, 자신이나 그룹에 관한 독특하고 특이한 경험, 혹은 특성이나 성향 등을 말한다.	"나는 오늘 아침식사를 했다." "나에게는 동생이 있다."
④ 진행자는 그 진술문에 해당되는 사람들을 자신의 자리에서 일어나게 한다. 가운데에 서 있는 사람이 '여행을' 이라고 외치면 자리에 서 있는 사람들은 '떠나자!' 라고 말한 뒤, 빈 의자를 찾아 앉게 한다.	"여행을!!"(가운데에 있는 사람) "떠나자!!!"(일어난 사람들이 함께)

⑤ 모두가 움직이고 난 후, 의자를 못 찾은 사람이 원의 가운데 자리에 서서 새로운 라운드를 시작한다. 모든 사람들이 한번 씩은 이렇게 재밌고 독특한 것들을 나눌 수 있는 기회가 주어질 때 까지 게임을 계속한다.

활동 1. 감정 지도

목   적 : 자기감정 표현, 자기인식 발달, 느낌들을 긍정하고 인정하기,
          다른 사람들의 감정 이해 하기, 상대를 경청하기
소요시간 : 20~30분 (개인 또는 그룹 활동, 또는 한 번에 둘 모두 가능)
순 비 물 : A3 용지(색지), 네임펜 또는 볼펜, 배경음악을 들을 수 있는 도구

<활동사진>

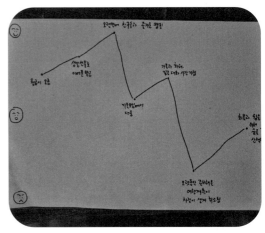

<감정지도 활동지>

---

① 한 사람당 하나씩 색지와 네임펜을 나누어
준다.

"지금부터 종이와 네임펜을 나누어 드릴게요. 다 받으
셨나요?"

---

② 감정지도를 그리는 법을 알려준다. 학생들
이 얼굴 표정의 중요성을 이해할 수 있도록
한다. 시간이 흐르면서 우리의 감정이 어떻게
행복에서부터 괜찮음, 슬픔으로까지 변할 수
있는지 보여준다.

TIP! 유용한 방법 한 가지는 '토끼와 거북이' 같은
친숙한 이야기를 한 뒤, 그 이야기가 진행되면서
어떻게 주인공들의 감정이 변하는지를 지도를 그
리면서 보여준다.

"이제 감정지도를 그려보려고 합니다. 자신의 감정의
높고 낮음을 그래프로 나타내는 건데요.
그래프의 세로축 위쪽에는 ☺를 그리고, 가운데에
는 😐를 그리고 아래쪽에는 ☹를 그립니다. 그래프
의 가로축은 시간의 흐름을 나타냅니다. 가장 왼쪽이
1월 1일, 가장 오른쪽은 오늘(현재시점)입니다. 그 기
간에 있었던 일을 떠올리고, 시간대별로 내가 표현하
는 감정이 이 표정이 나타내는 감정에 가까워질 수 있
게 선을 그리면 되요.
예를 들어 토끼와 거북이 이야기 아시죠? 거북이를
주인공이라고 생각해 볼까요?..."

자아존중감 형성 & 존중의 공동체 문화 만들기

③ 각자가 작업할 수 있도록 시간을 준다.	"자 그러면, 이제 우리의 감정 지도를 그려보고자 합니다. 그 기간에 있었던 기억나는 일을 떠올리고, 그 때의 감정을 해당되는 표정의 위치에 점을 찍어 표현해주세요. 그리고 그 옆에 간단하게 키워드나 핵심사건의 이름을 붙여 적어주세요".
④ 4-5명이 한 조가 되게 하여 소그룹으로 나눈다.	"다 그렸나요? 그러면 소그룹으로 나누어 볼게요"
⑤ 한 사람당 5분씩 자신의 감정지도를 이야기 할 시간을 준다.	"이제 각자 자신의 감정지도를 그룹원들에게 설명할 시간을 드릴게요. 한 사람당 5분의 시간을 드릴테니 그 시간동안은 말하시는 분의 이야기를 온전히 들어주시기를 부탁드립니다. 먼저 하실 분을 선정해 주시고, 그 분의 오른쪽으로 돌아가며 이야기 해 볼까요?"
⑥ 모두의 이야기를 듣고, 서로의 감정지도에 선물하고 싶은, 혹은 응원의 문장이나 단어를 적어주도록 한다.	"각자의 감정지도를 들으셨죠? 그럼 이제 자신의 이야기를 들려준 그룹원들에게 들려주고 싶은 단어나 문장을 서로가 선물로 주시는 게 어떨까 해요. 자신의 감정지도에 이름을 적어주시고요. 돌려가면서 응원의 메시지를 적어주세요."
⑦ 큰 원으로 앉아 전체성찰을 한다.	성찰 질문 : - 활동을 마친 지금의 느낌은 어떠한가? - 자기감정에 대해서 새롭게 알게 된 것이 있다면? - 자기감정 그래프에 특정한 패턴이 있는가? - 자기 일상에서 이 활동을 해보고 싶은 어떤 상황이나 때가 있는가? 있다면, 왜 그런가? - 응원의 메시지가 어떠한 도움을 주는가?

쉬는시간

충전놀이 2. 한 줄 서기

목   적 : 사회성, 긍정적인 정체성, 차이와 다양성
소요시간 : 10~20분

① 모든 의자를 빼고, 가능한 넓은 공간을 확보한다.

"이제 놀이를 해 보려고 합니다. 의자는 모두 벽쪽으로 붙여 주시겠어요?"

② 가상의 선이 있다고 가정하고, 한 쪽의 끝을 '최소치'로, 반대편 끝을 '최대치'로 설정한다.

"이제 이 곳에 하나의 선이 있다고 상상해요. 수치로 나타내보자면, 한 쪽 끝은 '0'이고요, 다른 한 쪽 끝은 '100'이에요."

③ 진행자가 진술문을 던지면, 참여자들은 자신이 해당된다고 생각하는 지점에 한 줄로 서게 한다. 참여자들이 자유롭게 설 수 있도록 안내하고, 그들이 왜 그 자리에 섰는지 이야기하도록 한다.

<진술문의 예>

- 이곳으로부터 우리 집까지의 거리
- 지금까지의 연애 횟수
- 하루 중 좋아하는 시간
- 내가 친구라고 생각하는 사람의 수

"제가 하나의 문장을 말씀드릴게요. 자신이 해당 된다고 생각하는 지점에 가서 서 보는 거예요.

'지금까지 연애 횟수'

0-100까지 한 번 이동해서 서 볼까요?
네, 자리를 다 잡으셨으면, 맨 끝에 계신 분들의 이야기를 잠시 들어볼까요? 그리고 옆에 있는 분들과 한 번 반갑다고 이야기를 나누실 시간도 드릴게요."

자아존중감 형성 & 존중의 공동체 문화 만들기

활동 1. 마법 상자

목   적 : 자신의 장점이나 특성을 발견하고, 사람들 앞에서 이야기하기
소요시간 : 20~30분 (참여자 수에 따라 달라질 수 있음)
준 비 물 : 종이상자 속에 거울, 배경음악을 들을 수 있는 도구

① (거울이 든) 상자를 소개한다.

"이 안에는 매우 특별한 사람의 모습이 들어 있습니다. 이제부터 한 방향으로 상자가 돌아갈텐데요, 그 안에 누가 있는지는 각자가 보기만 하고 말은 하지 않도록 해 주세요. 그리고 상자가 다 돌아갈 때까지 충분히 시간을 드릴 테니, 그 상자 안의 인물이 특별한 이유에 대해서, 그가 왜 특별한지를 생각해 보세요. 만약 특별함을 떠올리기 힘들다면 그 특별한 사람이 잘 하는 것을 떠올려도 좋을 듯합니다."

② 한쪽 방향으로 상자를 돌린다.
- 경우에 따라 한 바퀴 더 돌릴 수도 있다.

TIP!

배경 음악을 틀어 줄 수 있다.
예) love affair ost.

"이제 시작해 볼게요."

③ 상자가 돌아오면, 전체 성찰을 한다.

TIP!

2-3일 워크숍의 경우, 이 때, 그 특별한 사람에게 전하고 싶은 메시지를 적을 시간을 주고, 접어 이름을 적어 센터피스에 놓게 한 뒤, 마지막 날 선물로 주는 방법도 좋다.

성찰 질문:
- 지금 그 특별한 사람에 대한 느낌이 어떠한가?
- 상자가 왔을 때, 어떤 사람이 들어 있을 거라 생각했는가?
- 그 사람의 특별한 것에 관해 떠올리는 것이 쉬웠는가, 어려웠는가. 왜 그러했는가?
- 내년 즈음에 다시 이 상자를 들여다본다면 어떤 것이 떠올려지길 기대하는가?

오전 서클 마무리 <비행기 날리기>

목　　적 : 오전 서클의 공간 닫기, 자기 독려, 상대에게 힘을 얻기
소요시간 : 10~20분

① 오전 활동을 마무리하면서, 자신에게 하고 싶은 응원의 말을 준비된 종이에 적는다.	"오전의 서클을 마무리하려고 합니다. 지금부터 종이를 나누어드릴 텐데요. 오전의 활동을 마무리하면서 자신에게 하고 싶은 응원의 메시지를 적어보겠습니다."
② 원의 중앙에 공항을 연상시킬 수 있는 동그란 천이나 전지를 깔아 놓는다.	"가운데 공항이 보이시나요? 저 공항에 우리의 메시지를 비행기로 접어 착륙시켜보겠습니다."
③ 비행기가 공항에 모아지면, 자원자를 받아 비행기 중 하나를 집어 읽어보도록 한다. (혹은 진행자가 시작해도 된다.)	"자 그러면, 공항에 모인 우리 각자의 비행기가 다른 이에게 어떤 선물로 다가오는지 한 번 볼까요? 자원자를 받겠습니다. 지원하시는 분은 나오셔서 이 중 맘에 드는 것을 하나 골라 그 안의 메시지를 읽어주시겠어요?"

　　　　　　　　　　　　　　　자아존중감 형성 & 존중의 공동체 문화 만들기

④ 읽은 메시지를 적은 이가 다음의 순서가 되어 모두의 순서가 끝날 때까지 계속 진행한다.	"이 메시지의 주인이 누구신가요? 네, 선물 감사 합니다. 이제 비행기를 골라 주시겠어요?"
⑤ 모든 순서가 끝나면 오전 서클을 마무리한다. **TIP!** 시간이 없는 경우, 동시에 나와서 가져가고 돌아가며 전체에 읽어준다.	"서로가 서로에게 선물이 되어 주셔서 고맙습니다. 이제 오전 서클을 마무리 하겠습니다."

점심시간

오후 서클 열기 <몸으로 하는 경청>

목   적 : 지지하기, 친밀해지기, 힘 실어주기.
소요시간 : 10~20분 (참여자 수에 따라 달라질 수 있음)

① 모두 의자에서 일어나 동그랗게 서게 한다.	"오후 서클을 열어보겠습니다. 우리 노곤해진 몸을 일으켜볼 텐데요. 모두 의자에서 일어나서 동그랗게 서볼까요?"
② 진행자부터 시작해서 한 사람씩 한 발짝 앞으로 나와 자신의 이름을 말하며, 원하는 동작을 취한다. 나머지 참여자들은 그 모습을 보고, 보고 들은 대로 동작을 따라한다.	"이제부터 우리의 온 감각을 사용해 경청해보는 시간을 가질게요. -시범을 보이며- 돌아가며 한 발짝 앞으로 와서 자신의 이름을 말하며 원하는 동장을 한 가지 취해주시면 됩니다. -시범을 보여준 후- 이렇게 하고 나면 나머지 분들이 보고 들으신대로 따라해 주시면 되겠습니다. 저부터 해 볼게요. 이 후에는 오른쪽(혹은 왼쪽)으로 돌아가도 괜찮을까요? 고맙습니다."

충전놀이 3. 릴레이 박수

목   적 : 공동체 협력, 재미와 즐거움
소요시간 : 5~10분
준 비 물 : 초시계

① 진행자의 오른쪽부터 시작해서 파도타기처럼 릴레이로 박수를 쳐서 서클을 한 바퀴 돌게 한다.	"파도타기 해 본 적 있으세요? 우리 박수로 파도타기를 해 볼 거예요. 제 오른쪽부터 시작해서 릴레이로 박수를 쳐서 서클을 한 바퀴 도는 건데요. 한 번 해 볼까요?"
② 몇 번 연습 하고, 시계를 이용해 릴레이 박수가 서클을 한 바퀴 도는 데에 얼마만큼의 시간이 걸리는 지 시간을 잰다.	"이제 어느 정도 숙달이 된 것 같아요. 그럼 이번엔 시간을 재어 볼게요. 몇 초가 나올 것 같나요? 한 번 해 볼까요?"
③ 시간을 잰 결과를 보고 더 시간을 단축하거나 늘리는 등의 목표를 정해서 목표의 시간대에 박수가 도달할 수 있도록 독려한다.	"우와. 이만큼이나 빠르게 할 수 있네요. 힘을 합쳐 한 마음이 되어, 이번에는 5초대(혹은 00초대)에 도달해 보도록 할까요?"

자아존중감 형성 & 존중의 공동체 문화 만들기

활동 3. 특별한 날

목   적 : 자아존중감 형성, 안전함과 정체성과 소속감의 조합을 증진시킴, 신뢰 공동체 구축
소요시간 : 30-40분
준 비 물 : 주인공 선정 방식(제비뽑기 등), 칭찬 리스트, 포스트잇, 보드판 등

<활동사진>

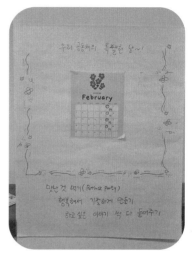

<달력 예시>

미리 알기

한 공동체 안에서 모두가 한 명씩 돌아가며 '특별한 날'의 주인공이 된다. 이를 위해 그날 주인공을 누구로 할지 제비뽑는 방식은 다양하며, 무척 흥미롭게 그것을 다룰 수 있다. 가령, 풍선 안에 각자 자기 이름을 적은 쪽지를 넣고 불어서, 그날 뾰족한 것을 천장을 향해 던져 터지는 풍선에 담긴 이름이 그 날의 주인공이 된다. 이것을 한꺼번에 순서를 정하여 달력에 미리 이름과 얼굴을 그려놓는 것도 좋다.

① 진행자는 '특별한 날'의 주인공을 강의실 밖으로 데리고 나가 잠시 기다리도록 한다.	"오늘의 주인공은 OO입니다. 잠시 밖에 나가서 우리가 준비하는 동안 기다려 주세요."
② 강의실 안의 준비가 끝나면 입장하여 원의 중앙으로 초대한다. 이 때, 주인공은 "오늘은 특별해! 그리고 나는 훌륭해!"라고 적힌 '특별한 배지'를 받는다(이 또한 얼마든지 다양할 수 있다). 그리고 그룹 모두가 자리에서 일어나 열렬히 환영해준다.	"준비가 다 되었나요? 우리 있는 힘껏 OO이를 축하해 줍시다." "OO님, 어서 오세요. 원의 중앙으로 초대할게요."

③ 주인공은 원 중앙에 놓인 의자에 앉고, 친구들은 돌아가면서 그에게 칭찬의 말을 하나씩 들려준다. 이를 위해서 진행자가 한쪽에 칭찬리스트 예시를 세워놓는 것도 도움이 된다.	"편하게 앉으세요. 우리 모두가 ㅇㅇ님께 전달할 말이 있어요."

<'특별한 날'에 이야기하고 증서에 적는 칭찬의 예시들>

높이 뛸 수 있다. / 항상 잘 도와준다. / 좋은 친구이다. / 함께 있기 좋다. / 축구를 잘한다. / 일을 잘한다.
/ 절대로 화내지 않는다. / 집에 같이 가기 좋다. / 나를 도와주고자 한다. / 친구들을 잘 사귄다.
/ 감정이입을 잘한다. / 호감이 간다. / 애완동물을 잘 기른다. / 잘 믿어준다.

④ 진행자는 오늘의 주인공에게 자신에 관해 들려주고싶은 이야기를 말해줄 것을 요청한다. 예)취미, 좋아하는것, 근황 등..)	"오늘의 주인공이 되신 것을 축하드려요. 함께하는 사람들이 전달한 이야기들을 들으셨는데요. 혹시 본인에 대해서 우리 모두에게 들려주고 싶은 이야기가 있나요? 취미나 좋아하는 것 등의 ㅇㅇ님에 대한 이야기를 듣고 싶어요."
⑤ 다시 한 번 축하하며, 전체 성찰을 한다.	성찰 질문: - 이 활동을 마친 후, 지금의 느낌은 어떠한가, 혹은 새롭게 알게 된 것이 있다면? - '특별한 날'이 자신에게, 그리고 우리 전체에게 말해주고 있는 것은 무엇인가? - 이 활동을 통해 각자 자신의 위치에서 자신이 도움받은 것은 무엇인가? - 일상생활에서 환영받는 것, 그리고 특별히 여겨주는 일들은 빈번한가, 혹은 경험하기 어려운가? 그렇다면 그 이유는 무엇인가? - 일상에서 특별한 날을 함께 경험하고 싶은 공동체가 있다면?

쉬는시간

자아존중감 형성 & 존중의 공동체 문화 만들기

충전놀이 4. 영화관에서

목　　적 : 공동체 협력, 재미와 즐거움, 차이와 다양성
소요시간 : 10-20분
준 비 물 : 다양한 색의 천

미리 알기

그룹이 천이나 소품을 사용하여, 정지된 모습으로 각각 제시된 문장의 상황을 연출하고, 다른 팀은 그 팀이 연출하는 상황을 맞춘다.

---

① 5명 정도를 한 그룹으로 묶는다.

"5명이 한 그룹이 되어 보겠습니다."

---

② 각 그룹은 제비뽑기를 통해 극을 연출할 상황 이 주어진 종이를 뽑는다.

<상황의 예>
- 온 가족이 영화관에서 공포영화를 관람한다.
- 임신테스트기로 임신을 확인한 후 기뻐하는 젊은 부부
- 부모님은 언제나 동생만 귀여워하고, 내게는 잔소리만 한다.

"각 그룹에서 한 분씩 가운데로 나와 주시겠어요? 우리는 어떤 극을 연출해 볼 텐데요. 나오신 분들이 각 그룹이 연출할 상황이 주어진 종이를 뽑겠습니다."

---

③ 각 그룹이 극을 연출할 준비 시간을 준다. (대략 5-10분)	"이제 준비할 시간을 드릴게요. 10분 드리겠습니다. 가운데에 있는 천이나 주변 사물들을 사용하셔서 정지된 모습으로 상황을 연출해 주세요."
④ 순서를 정해 돌아가며 극을 연출하고 다른 팀은 그 팀이 연출한 상황을 맞춘다.	"다 준비가 되셨으면, 한 그룹부터 돌아가면서 정지된 화면을 보겠습니다. 하나, 둘, 셋! 어떤 상황을 표현 하고 있는지 알 것 같으신 그룹에서는 손을 들어 말씀해 주세요."

오후 서클 마무리 <세차>

목   적 : 오후 서클의 공간 닫기, 돌봄, 자아 재긍정, 협력, 타인수용, 공동체 구축
소요시간 : 10~20분

① 참여자에게 '세차'의 목적을 상기시켜준다.	"자동차의 주인은 항상 자신의 차량이 최고의 상태이기를 원하기 마련이죠. 차가 잘 달릴 수 있게 연료를 잘 공급하고 엔진오일도 갈고 주기적으로 차를 깨끗하게 하기 위해 세차도 해요. 이제 우리가 서로의 존재를 깨끗하게 세차해주려고 해요.."

자아존중감 형성 & 존중의 공동체 문화 만들기

② 그룹에게 두 줄을 만들어 서로의 얼굴을 가까이 마주보게 한다. 서로 마주보고 있는 두 줄 사이의 가장 앞쪽(시작점)에 한 명의 자원자를 서게 한다. 몸을 구부린 채로 천천히 앞쪽으로 이동하면, 그가 통과하는 동안 양쪽 줄에 선 사람들은 그의 몸을 마사지 하듯 두드려준다. 통과한 사람은 그 자리에서 양쪽 줄의 일원이 되어 통과하는 사람을 두드려준다. 앞 사람이 출발하면 연이어 뒷사람이 출발하여 모두가 두 줄을 통과하도록 한다.

"자 이제 두 줄을 만들어 서로의 얼굴을 가까이 마주보아 주시겠어요? 그리고 서로 마주 보고 있는 두 줄 사이의 앞쪽(시작점을 지정하기)에 계신 분부터 이 두 줄을 통과해서 들어가시면, 통과하시는 동안 양쪽 두 줄에 계신 분들이 열 심히 세차해 주실 거예요. 양쪽에 서 계신 분들 은 사람들이 지나갈 때 축복의 말이나 가벼운 응원의 터치를 해 주세요. 우리의 서클이 마무리 되더라도 우리는 계속해서 서로를 통해 빛나는 사람들이 될 거예요."

전체 성찰 <서클타임에서 가져가는 것은?>

목   적 : 전체 서클의 공간 닫기, 지지하기, 돌봄, 안전감 찾기
소요시간 : 20-30분 (참여자 수에 따라 달라질 수 있음)
준 비 물 : 필기도구, 포스트잇, 연결하기 때 사용한 전지

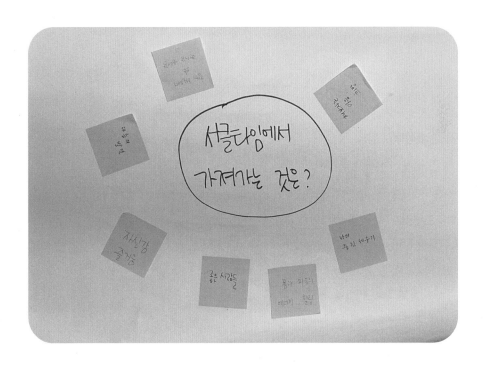

① 오늘 하루를 마무리하며 시작할 때와 어떤 점이 달라졌는지, 혹은 같은 지, 개인 성찰과 함께 이야기 나누는 시간을 갖는다.	"포스트잇과 펜을 하나씩 받으셨나요? 오전에 서클타임에서 꼭 가져가고 싶은 것이 무엇인지 생각해보는 시간을 가졌는데요, 이번에는 내가 오늘 서클타임에서 가져간다고 생각하는 것이 무엇인지 한 번 적어보는 시간을 갖겠습니다." "다 적으셨나요? 그렇다면 토킹피스를 존중하며, 각 분의 목소리를 들어보겠습니다. 포스트잇에 적은 내용을 말씀해 주시고, 적은 포스트잇을 이 전지에 붙여 주시기를 부탁드립니다." (잠시 후) "시간이 더 필요하신 분 있으신가요?" (없다면) "없으시면 제가 먼저 시작하겠습니다." (있다면) "조금 더 기다리겠습니다."

서클 닫기 <지지서클>

① 모든 참여자가 옆 사람의 손을 잡도록 하고 설명한다.	"모두 눈을 감으시고, 옆 사람의 손을 잡으세요. 양쪽 사람의 손을 부드러우면서도 굳게 잡아 볼까요? 이제 서클에 있는 모든 사람이 당신의 도움과 지원이 필요하다고 상상해 봅니다. 각자의 손을 통해 도움과 지원의 에너지를 모두에게 보냅니다. 이제 당신에게 지원의 힘을 보내준 모두를 떠올립니다. 이 자리에 있는 다른 사람들과 그저 함께함으로써 생겨나는 좋은 느낌을 확인해 봅니다. 마지막으로 오늘 하루 함께 한 모든 느낌들을 떠올리면서 양 손을 흔들어 볼까요? 함께 해 주셔서 고맙습니다. 이것으로 오늘의 서클타임의 모든 일정을 마칩니다."

- 평가지 작성(선택사항) 전체성찰에 이어서

① 참여자 모두에게 A4지를 나누어주고 4등분으로 접도록 한다. ② 각 칸에 번호를 적고 질문을 적은 후에 대답을 적도록 한다.	"조금 더 깊은 개인의 성찰을 위해 성찰지를 작성해보는 시간을 가지려고 합니다. 이 성찰지 작성은 진행자에게도 자양분과 다음 진행에 대한 도전으로 다가오니 꼭 적어주시기를 부탁드립니다. 그럼, 지금 나누어 드리는 종이를 4등분하여 접으시고 각 칸에 지금부터 말씀드리는 항목을 적으신 후, 답해주시기를 부탁드립니다." ① 새롭게 알게 된 점 ② 느낀 점 ③ 아쉬운 점 ④ 진행자에게

2_단시간 매뉴얼

- 2차시 교안_1_사람보물찾기
- 자아존중감 형성

1) 진행안

서클 열기	진행자 소개, 일정안내
연결하기	최근에 경험했던 행복하고 즐거웠던 경험 한 가지는?
우리들의 약속	"안전한 공간을 위해 내가 할 수 있는 일이 있다면?"
충전놀이1	바람이 붑니다.
쉬는 시간	
충전놀이2	나만나도
활동1	사람보물찾기
전체성찰	오늘 나에게 보물로 다가온 것 한 가지는?
서클 닫기	보물악수

2) 진행 순서에 따른 매뉴얼

서클 열기(환영, 소개-일정, 진행자, 공간)

목　　적 : 환대 및 서클의 공간 열기
소요시간 : 5~10분
준　비　물 : 센터피스

① 진행자는 참여자와 진행자의 수에 맞게 의자를 원으로 배치하고, 센터피스를 놓는다. 시작 하기 전에 몸을 안정시킬 간단한 다과나 음악을 준비해 참여자들을 환대하면 따뜻한 정서와 분위기로 시작할 수 있다.

② 시간이 되어 모두가 원에 앉으면 간단한 환영의 말을 건넨 후, 종을 울려 침묵을 초대한다.

"이 자리에 모인 여러분 모두를 환영합니다. 서클로 앉아서 활동을 해 보려고 의자도 조금 다르게 배치했어요. 책상도 없이 가운데에 무언가를 놓고 동그랗게 앉아 있는 모습이 낯설 수도 있고, 기대되거나, 혹은 두려울 수도 있을텐데요. 우리가 서클안에서 무엇을 경험하게 될지 기대하는 마음으로 시작해볼게요.
시작에 앞서 우리의 몸이 있는 이 곳, 이 순간으로 나의 생각과 마음을 초대해 볼게요. 혹시나 이 후의 시간에 대한 걱정, 이 전 시간에 대한 감정들이 지금 내 몸과 마음 안에 있다면 잠시 침묵을 초대해 다른 곳에 있는 우리의 생각과 마음을 알아차려 몸이 있는 이 자리로 불러 와 보려고 합니다. 종이 울리면 침묵에 들어가고, 또 한 번 종이 울리면 침묵에서 나오겠습니다. (타종) 네, 함께 침묵해 주어 고맙습니다. 서클로 온 모두를 환영해요."

③ 간략한 수업 내용과 진행자에 대한 소개를 한다. (학급 담임 선생님이 진행하는 경우, 진행자 소개는 생략해도 된다.)
TIP! 일정표를 미리 간단하게 적어 놓으면 도움이 된다.

"반갑습니다. 저는 오늘 서클을 함께 하게 될 진행자 OOO입니다. 오늘 우리의 일정을 살펴보면 다음과 같습니다. (일정표 확인) "

연결하기 <최근에 경험한 행복하고 즐거웠던 것 한 가지는?>

목   적 : 친밀해지기, 지지하기, 공동체 구축
소요시간 : 20~30분 (참여자 수에 따라 달라질 수 있음)
준 비 물 : 토킹피스

① 연결하기 시작을 알린다.	"이제 진행자(들)의 목소리만이 아니라 우리 모두의 목소리를 함께 들어보려고 합니다."
② 토킹피스에 대해 안내한다.	"제가 토킹피스을 들고 있는데요. 토킹피스는 서클 안에서 두 가지 역할을 합니다. 우선, 이것을 들고 있는 사람은 이야기를 할 수 있도록, 나머지 사람들은 이것을 들고 있는 사람이 이야기를 할 때 잘 들어줄 수 있도록 돕는 역할을 합니다."
③ 진행자는 이야기 나눌 내용을 제안한다. 1) 이름 2) 지금의 느낌 3) 최근에 경험한 행복하고 즐거웠던 것 한가지는? * 잠시 함께 생각할 시간을 가진 후 어느방향으로 순서가 돌아갈지 알려준 뒤 진행자부터 이야기를 시작한다.	"토킹피스를 가지고 오늘 함께 이야기 나누고 들으려는 내용은 3가지입니다. '자신의 이름', '지금 느낌', 그리고 세 번째는 '최근에 경험한 행복하고 즐거웠던 것 한 가지는?'입니다. 서로의 말을 더 잘 듣고 말하기 위해서 모두가 대답이 준비되었을 때 시작하고자 합니다. 잠시 함께 생각하는 시간을 갖겠습니다. (잠시 침묵) 시작해도 괜찮을까요? 진행자인 저부터 시작하고 저의 왼쪽에 있는 사람 쪽으로 순서를 넘기고 싶은데 괜찮은가요? (괜찮다고 하면) 네, 감사 합니다. 그럼, 저부터 시작하겠습니다."
④ 마무리한다.	"모두 처음이라 어색할 수도 있는데, 기꺼이 이야기를 들려주셔서 감사합니다."

연결하기 TIP!

- 다른 이의 이야기를 경청하기 위해 함께 생각할 시간을 준다.

- 서클이 낯선 참여자를 위해 진행자가 먼저 시작한다.

- 전체 앞에서 이야기하는 것이 낯설거나 당황스러워하는 참여자를 위해 미리 '패스하기'에 대해서도 안내한다. 다만 '패스하기'는 영원히 자신의 표현을 하지 않는 개념이 아니라 지금의 순서는 넘기되 다른 모두가 이야기 하고 난 후에 재차 나에게 순서가 오면 그때 이야기하는 것임을 안내한다.

- 여러 장치가 있음에도 여전히 말하고 싶지 않아 하는 참여자가 있는 경우, 그의 선택을 최대한 존중하면서, 이름과 느낌 정도라도 짧게 나눠줄 수 있는지 부탁해 본다. 그럼에도 거절한다면 그 선택을 존중한다.

- 진행자로서 참여자들이 원하지 않는 말을 할 때나, 다른 참여자가 질문이 이게 아니라고 말하는 경우가 있더라도 진행자는 참여자의 선택을 존중하여 그가 최대한 안전하게 말할 수 있는 공간을 갖도록 허용한다.

- 연결하기 중간에 늦게 도착한 참여자가 있을 경우, 그 순간 토킹피스를 들고 이야기하고 있는 참여자의 말이 마무리되기를 기다렸다가 토킹피스이 다음 사람으로 넘어가는, 그 사이 순간에 잠시 멈춰주기를 부탁하고 늦게 온 참여자를 향해 간단한 환영과 오늘의 연결하기 주제에 대해 안내한다. 안내 후에는 토킹피스을 받고도 잠시 기다려준 참여자에게 감사를 표하고 그가 다시 말을 이어가기를 초대한다.

우리들의 약속

목   적 : 안전한 소통의 공간 만들기
소요시간 : 5~10분(그룹 특성상 안전한 공간 구축이 필요한 경우, 시간이 더 소요될 수 있음)

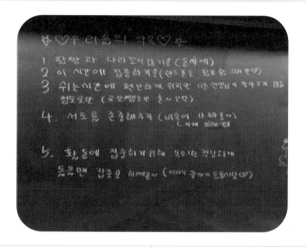

① 서클타임 시간에 적용되는 우리들의 약속에 대해 설명한다.

"지금부터 있을 서클타임의 이 시간과 이 자리가 서로에게 안전한 공간이며, 서로를 존중해줄 수 있는 대화의 장소가 될 수 있도록 우리 스스로가 우리를 위한 약속을 만들어 보려고 합니다."

"이 자리가 우리에게 조금 더 편안하고 안전한 공간이 되려면 어떤 약속들이 필요할까요? 떠오르는 의견들이 있으시면 제안해 주세요."

② 참여자들로부터 제안을 받고, 모두의 동의가 이루어지면 약속으로 정한다.

TIP! 동의가 이루어지지 않을 경우, 그 사람이 중요하게 여기는 것이 무엇인지를 묻고, 참여자들이 중요하게 생각하는 것도 약속에 포함 될 수 있도록 돕는다.

- 시간이 적을 때의 약속 정하기 **TIP!**
약속을 정하는 시간이 부족한 경우에는 2-3가지의 제안을 진행자가 미리 정해서 동의를 구하는 방식으로 선택할 수도 있다. 동의가 이루어지지 않을 경우, 그 사람이 중요하게 여기는 것이 무엇인지를 묻고, 참여자들이 중요하게 생각하는 것이 약속에 포함될 수 있도록 돕는다.

약속의 예)
- 친구의 이야기를 끝까지 들어주기
- 내 이야기를 하기
- 사적인 이야기는 보호해주기
- 종이 울리면 침묵하기
- 실수해도 되기 ...

충전놀이 1. 바람이 붑니다.

목   적 : 창조적으로 상상하기, 자기 인식, 차이인식, 다양성의 수용
소요시간 : 10~20분

① 진행자는 자신의 의자를 뒤로 빼놓아 참여
자의 수보다 의자의 개수가 하나 더 부족하게
만든 뒤, 가운데에 선다.

"여러분, 우리의 서클에 활력을 주기 위해 잠시 바람
을 불러일으켜 보려고 합니다."

② 원의 중앙에 서 있는 진행자를 제외한 다
른 참가자들은 의자에 앉아 있는 상태가 된
다.

"놀이를 하다보면 우리 중 누군가는 원의 가운데에
서게 될 텐데요. 그 때, 이 주문을 외우면 바람이 저절
로 불러일으켜져요. '바람이 붑니다~ 바람이 붑니다
~' 한 번 같이 해 볼까요? 네, 이렇게 주문을 외운 다
음에 앉아 있는 사람 중에 3명 이상 해당할 것 같은
특징 하나를 이야기하면서 'OO 한 사람들에게 바람
이 붑니다.'라고 말해주면 됩니다. 그러면 앉아 있는
사람 중에서 자신이 그 특징에 해당이 된다고 생각하
는 분들은 일어나서 내 자리와 양옆 자리를 제외한 다
른 빈 의자를 찾아가서 앉으시면 돼요."

자아존중감 형성 & 존중의 공동체 문화 만들기

③ 진행자는 설명 후, 자신이나 그룹에 관한 독특하고 특이한 경험, 혹은 특성이나 성향 등을 말한다. 그 진술문에 해당하는 사람들 (진행자도 포함)은 자신의 위치를 벗어나 서로 섞이면서 빈 의자를 찾아 앉는다.

"바람이 붑니다~ 바람이 붑니다~ 바지 입고 있는 사람들에게 바람이 붑니다."

"바람이 붑니다~ 바람이 붑니다~ 오늘 아침을 한 사람에게 바람이 붑니다."

"바람이 붑니다~ 바람이 붑니다~ 동생이 있는 사람에게 바람이 붑니다."

④ 모두가 움직이고 난 후, 의자를 못 찾은 사람이 원의 가운데 자리에 서서 새로운 라운드를 시작한다. 그룹의 에너지가 어느 정도 올라올 때까지 놀이를 진행한다.

쉬는시간

충전놀이 2. 나만나도

목   적 : 자기 인식, 차이 인식, 공동체 형성. 다양성의 수용
소요시간 : 10~20분

① 진행자가 앉아 있던 자리에서 일어나서 놀이 방법에 대해 안내를 시작한다.	"인생을 살면서 사람들은 정말 비슷한 경험을 하기도 하고, 전혀 다른 경험을 하기도 하면서 살아가지요. 아마 이곳에 있는 우리도 그러실 텐데요. 지금은 그러한 경험으로 놀이를 해 볼게요."
② 진행자는 전체에게 각자의 경험(공통된 경험 혹은 나만의 경험) 한가지씩을 떠올려 보도록 초대한다.	"지금 잠시 같이 생각을 해 볼 텐데요. 지금까지 살아오면서 했던 많은 경험 중에서, '아, 이 경험은 진짜 다들 한 번씩 해봤을 만한 경험이야' 라고 생각되는 경험을 하나 떠올리시거나, '와, 이 경험은 정말 나밖엔 안 해봤을 것 같아'라고 생각되는 경험을 하나 골라서 떠올려 주세요."
③ 모두 떠올렸는지 확인한 후, 돌아가면서 하나씩 그 경험을 말하도록 안내한다. 이때 나머지 참여자 중 같은 경험이 있는 참여자는 "나도!" 라고 외치면서 자리에서 일어나고, (이때 누가 일어났는지 서로 살펴보기) 같은 경험이 아무도 없는 경우, 그 경험을 말한 사람이 양손으로 자신을 안아주며 "나만~"이라고 말하며 자리에 앉는다.	"모두 준비가 되었나요? 그러면 순서대로 한 명씩 그 경험을 일어나서 전체에게 들려주실 텐데요. 듣고 계신 나머지 분들은 그 내용을 잘 들어 보시고, 나도 그런 경험이 있다는 분들은 "나도!" 라고 외치며 일어나 주시고, 그런 경험이 없는 분 들은 그대로 앉아계시면 됩니다. 만일 모두가 일어나지 않았다면, 그분만의 유일한 경험을 나누어 주신 것이니 말씀하신 분께서 자신을 양팔로 앉아주면서 "나만~"이라고 말씀하시고 자리에 앉으시면 되겠습니다."
④ 진행자가 먼저 시작하여 예시가 되어준다.	"나는 외출을 하기 위해 집을 나섰는데, 놓고 온 물건이 생각나서 다시 집에 들어간 적이 있다." (듣던 참여자) "나도!"
⑤ 진행자의 왼쪽으로 순차적으로 진행한다.	"자 이렇게 하면 되는 거예요, 제 왼쪽으로 쭉 이어가 볼게요!"

활동 1. 사람보물찾기

목   적 : 아이스 브레이크, 친밀감 형성, 자아발견, 타자 인식, 차이와 다양성 인식
소요시간 : 20~30분
준 비 물 : 유인물, 사인펜 또는 볼펜

<활동사진>

<사람보물찾기 활동지>

① 한 사람당 펜 한 자루와 유인물 한 장을 나눠준다.

"지금부터 유인물 한 장과 펜을 나눠드릴 거예요. 두 가지를 모두 받으셨다면 유인물의 오른쪽 위에 여백에 자신의 이름을 적고 잠시만 기다려 주세요."

② 유인물 상단에 적혀있는 활동의 제목과 진행 방법에 대한 지시문을 함께 소리내어 읽는다.

"자 모두 유인물을 받으셨네요. 맨 위에 적힌 활동의 이름을 함께 읽어볼까요? (사람보물찾기) 좋아요. 그 밑에 적힌 활동의 지시문도 함께 읽을게요. 시작!
(교실을 돌아다니며. 질문에 해당하는..(중략)..받을 수 있어요.)"

③ 함께 읽은 지시문을 바탕으로 진행자가 일어나서 실제 어떻게 진행하면 될지 예시를 보여 준다.

"네, 함께 전체적인 실행 방법을 읽어보았는데요. 실제로 이 안내대로 한다면 어떻게 하면 되는지 제가 예시로 보여드릴게요."

"우선 이 유인물을 들고 이 공간을 자유롭게 돌아다니다가 한 사람을 만나주세요. 그리고 서로 반갑게 인사를 나눠주시고요. 둘중에 한 분이 자신의 유인물에 적힌 여러 항목의 질문 중에서 상대방이 해당할 그것 같은 질문을 물어봐 주세요. 그리고 그 질문을 받은 상대방은 그것에 자신이 해당하면 질문한 사람의 유인물에 직접 사인이나 이름을 적어주시면 되고요. 해당이 안 된다면 안 된다고 말해주세요. 그러면 질문자는 다른 질문을 하시면 됩니다. 이렇게 두 사람 모두 서로에게 질문 하나씩을 하고 칸을 채우고 나면 인사하고 헤어지셔서 다른 사람을 만나시면 됩니다."

④ 진행에 있어 유의해야 하는 사항에 대해서도 미리 설명한다.

"자, 그런데 이렇게 진행하시는 데 있어서 주의해야 하는 부분이 두 가지가 있어요. 하나는 사람 보물을 찾으실 때, 1:1로 만나지 않고 전체 공동체원에게 큰 소리로 '이것 해당하는 사람!'이라고 외치면서 찾으시는 것. 두 번째는 그냥 나의 유인물을 상대방에게 주면서 '네가 해당하는 그것을 알아서 사인해'라고 요청하는 것은 하지 말아 주세요. 질문을 먼저 해 주고 상대방이 해당하지 않는다고 하면 다른 질문을 하면 됩니다."

⑤ 설명을 들은 모두는 자리에서 일어나 돌아다니며 1:1로 만나 종이를 채우도록 안내한다.

"이해되셨나요? 그러면 모두 자리에서 일어나보세요. 자, 이제 서로에게로 출발하겠습니다."

⑥ 정해진 시간(약 10분)이 흐르고 나면 다 채우지 못한 사람이 있더라도 일단 모두 자리에 앉아 내용을 같이 살펴보기를 초대한다.

"네, 이제 시간이 다 되었어요. 다 채우지 못하셨더라도 일단은 자리에 앉아볼게요. 지금 위치에서 가까운 곳에 앉아주세요."

"이제는 다 함께 내용을 확인해 보고 싶어요. 우리 공동체에 어떤 보물이 있는지 얼마나 많이 찾았는지를 확인해 볼게요."

"우선 채우신 개수를 먼저 확인하고 싶은데요. 20개의 질문을 다 채운 사람 있나요? (확인 후) 네, 그럼 15~20개 사이의 개수를 채운 사람은 누군가요?

⑦ 진행자는 유인물의 여러 질문 중 하나를 읽어 주고 그것에 해당하는 사람이 자리에서 일어나 보도록 안내한다. 일어난 참여자들에게 간단한 추가 질문을 하고 이에 대해 대답하고 앉도록 안내한다.

TIP 시간을 고려하며 질문을 함께 확인한다. 어떤 질문을 확인해 보고 싶은지 참여자들에게 물어봐서 그 질문을 확인할 수도 있다.

"몇 명의 사람 보물을 찾으셨는지는 확인해 보았으니, 이번에는 우리 공동체 안에 어떤 사람 보물들이 있는지를 조금 더 확인해 볼게요."

"3번에 매운 음식을 잘 먹는 사람에게 해당하는 사람 있나요? 한번 자리에서 일어나 주겠어요? (사람들이 일어나면), 제 오른쪽에 있는 사람부터 해서 내가 먹은 매운 음식 중에 가장 매웠던 것 한가지씩을 이야기하고 자리에 앉아주세요!"

"네, 다음 질문도 확인해 볼게요. 4번 ~한 사람 에게 해당하는 사람 있나요? (추가 질문도 확인 한 후) 또 다른 질문 중에 확인해 보고 싶은 것 있나요? 제안해 주면 함께 확인해 볼게요!"

⑧ 전체성찰을 한다.

성찰 질문 :

- 활동을 마친 지금의 느낌은 어떠한가?

- 활동을 통해 구성원에 대해 새롭게 알게 된 것이 있다면?

- 인터뷰할 때 내가 다가가는 것이 편안하게 다가왔는가? 누군가가 다가와 주는 것이 편안하게 다가왔는가?

- 유인물 내용 중에 인상적이었던 질문은 무엇인가?

- 함께 참여한 다른 참여자들에 대해서 새롭게 알게 된 것이 있다면?

전체성찰 <오늘 나에게 보물로 다가온 것 한가지는?>

목   적 : 전체 서클의 공간 닫기, 지지하기, 돌봄, 안전감 찾기
소요시간 : 10분 (참여자 수에 따라 달라질 수 있음)

① 오늘 서클을 마무리하면서 서클 안에서 어떤 활동과 놀이들을 경험했는지 함께 살펴본다.

"오늘 우리가 서클에서 함께 한 시간을 되돌아볼까요?"

"이제 오늘의 서클을 마무리하려고 합니다. 우리가 서클을 열면서 연결하기를 했던 것처럼 마무리는 돌아가면서 다음의 질문에 대한 대답을 서로 말하고 들으려고 해요.
함께 이야기하고 싶은 내용은 '오늘 나에게 보물로 다가온 것 한가지는?'입니다. 오늘을 보내면서 나에게 들었던 느낌이나 생각들, 기억들 중에 이것이 내가 오늘 얻은 보물과도 같다고 하는 것 한 가지를 골라서 이야기 나눌게요. 잠시 생각할 시간을 가진 후에, 저부터 시작하여 오른쪽으로 가겠습니다."

② 이 시간을 보내고 나서 '오늘 나에게 보물로 다가온 것 한 가지가 무엇인지 생각해보고 함께 돌아가며 이야기 나누는 시간을 갖는다.

(잠시 후)"시간이 더 필요하신 분 있으신가요?"

(없다면) "없으시면 제가 먼저 시작하겠습니다."

(있다면) "조금 더 기다리겠습니다."

"소중한 이야기 나눠주셔서 감사합니다. 여러분이 발견해 준 보물들 덕분에 이 시간이 더 빛나고 소중하게 다가옵니다."

서클 닫기 <보물 악수>

자아존중감 형성 & 존중의 공동체 문화 만들기

① 참여자들에게 왼손을 펴서 손바닥이 하늘을 향하도록 놓기를 요청한다.

② 그 위에 오늘 각자가 말한 보물이 올라가 있다고 상상하도록 요청한다.

③ 왼손바닥의 위에 올려진 보물을 오른손으로 가볍게 쥔 모양을 한 후 살짝 들어 올리도록 한다.

④ 진행자부터 시작하여 오른손에 든 보물을 자신의 오른쪽에 앉아 있는 왼손바닥 위에 올려놓는다. 동시에 하지 않고, 진행자부터 시작해서 순차적으로 옆 사람에게 그 보물을 넘겨준다.

⑤ 한 바퀴가 다 전달되어 진행자의 왼손에도 보물이 전달되고 나면, 보물을 전달한 오른손과 받은 왼손을 맞잡도록 안내한다.

⑥ 모두가 손을 잡은 상태에서 손을 위로 올리고 좌, 우에 누가 보물을 주고받았는지 확인한 후, 함께 내리면서 '고맙습니다' 라고 인사하며 마친다.

"자. 이제 모두 왼손을 손바닥이 위로 가게 펼쳐서 자신의 몸통 앞에 놓아주세요.

그리고 그 위에는 방금 여러분이 이야기한 보물, 혹은 이 시간을 보내고 나서 내가 느낀 좋은 감정을 올려놓는다고 상상해 보세요.

자, 모두 상상이 끝났다면 이제 오른손으로 그 보물을 가볍게 쥐어서 살짝 들어 올려 봐요. 너무 세게 쥐지 말고, 가볍게 부드럽게 잘 쥐여 주세요.

이제 저부터 제가 든 보물을 제 오른쪽에 있는 사람의 왼손 위에 전달할게요. 자신의 왼손에 옆 사람의 보물이 올라온다고 너무 놀라지 마시고, 그리고 거절하지 마시고 그대로 잘 받아주세요. 이제 저부터 시작해서 자신의 보물을 옆 사람에게 릴레이로 전달하는 겁니다.

좋아요. 모두가 옆 사람의 보물을 받으셨네요! 그러면 그 보물을 올려준 손과 받으신 왼손을 맞잡아 주세요.

모두의 손과 손이 연결되었네요! 자 그 손 놓지 마시고 그대로 위로 올려 보시겠어요? 그리고 내 왼쪽과 오른쪽에 누가 있는지 누가 나에게 보물을 주었고 누구에게 전달했는지 다시 한번 서로 얼굴을 살펴봐 주세요. 네 고맙습니다. 이제 잡은 손을 내리면서 '고맙습니다.' 인사하고 마칠게요! (손을 내리면서) '고맙습니다!'

오늘 함께 해 주어서 고맙습니다. 수고했어요."

2_단시간 매뉴얼

- 2차시 교안_2_질문해도 될까요?
- 자아존중감 형성

1) 진행안

서클 열기	진행자 소개, 일정안내
연결하기	<들었을 때 기분 좋아지는 말 한마디?>
우리들의 약속	"안전한 공간을 위해 내가 할 수 있는 일이 있다면?"
충전놀이1	바람이 붑니다.
쉬는 시간	
활동1	질문해도 될까요?
충전놀이2	미션 눈치게임
전체성찰	이 시간을 보내고 나서 나에게 남아있는것은?
서클 닫기	우리는 연결되어 있습니다.

자아존중감 형성 & 존중의 공동체 문화 만들기

2) 진행 순서에 따른 매뉴얼

서클 열기(환영, 소개-일정, 진행자, 공간)

목　　　적 : 환대 및 서클의 공간 열기
소요시간 : 5~10분
준 비 물 : 센터피스

① 진행자는 참여자와 진행자의 수에 맞게 의자를 원으로 배치하고, 센터피스를 놓는다. 시작 하기 전에 몸을 안정시킬 간단한 다과나 음악을 준비해 참여자들을 환대하면 따뜻한 정서와 분위기로 시작할 수 있다.

② 시간이 되어 모두가 원에 앉으면 간단한 환영의 말을 건넨 후, 종을 울려 침묵을 초대한다.

"이 자리에 모인 여러분 모두를 환영합니다. 시작에 앞서 우리의 몸이 있는 이곳, 이 순간으로 나의 생각과 마음을 초대해 볼게요. 혹시나 이 후의 시간에 대한 걱정, 이전 시간에 대한 감정 들이 지금 내 몸과 마음 안에 있다면 잠시 침묵 을 초대해 다른 곳에 있는 우리의 생각과 마음 을 알아차려 몸이 있는 이 자리로 불러와 보려고 합니다. 종이 울리면 침묵에 들어가고, 또 한 번 종이 울리면 침묵에서 나오겠습니다. (타종) 네, 함께 침묵해 주어 고맙습니다. 서클로 온 모 두를 환영해요."

③ 간략한 수업 내용과 진행자에 대해 소개한다. (학급 담임 선생님이 진행하는 경우, 진행자 소개는 생략해도 된다.)
TIP! 일정표를 미리 간단하게 적어 놓으면 도움이 된다.

"반갑습니다. 저는 오늘 서클을 함께 하게 될 진행자 ○○○입니다. 오늘 우리의 일정을 살펴보면 다음과 같습니다. (일정표 확인) "

연결하기 <들었을 때 기분 좋아지는 말 한마디?>

목   적 : 친밀해지기, 지지하기, 공동체 구축
소요시간 : 20~30분 (참여자 수에 따라 달라질 수 있음)
준 비 물 : 토킹피스

① 연결하기 시작을 알린다.	"이제 진행자(들)의 목소리만이 아니라 우리 모두의 목소리를 함께 들어보려고 합니다."
② 토킹피스에 대해 안내한다.	"제가 토킹피스을 들고 있는데요. 토킹피스는 서클 안에서 두 가지 역할을 합니다. 우선, 이것을 들고 있는 사람은 이야기를 할 수 있도록, 나머지 사람들은 이것을 들고 있는 사람이 이야기를 할 때 잘 들어줄 수 있도록 돕는 역할을 합니다."
③ 이야기 주제를 안내한다. 1) 이름 2) 지금의 느낌 3) 들었을 때 기분 좋아지는 말 한마디? * 시작하기 전에 함께 생각할 시간을 충분히 갖는다. ③-1. 진행자가 제안하는 순서대로 순차적으로 이 일으킨다.	"이제 토킹피스을 가지고 한 명 한 명의 목소리를 듣고자 하는데요. '자신의 이름', '지금 나의 느낌', 그리고 마지막으로 '내가 들었을 때 기분 좋아지는 말 한마디'를 이야기해 주면 됩니다. 간혹 앞 순서의 사람이 이야기할 때, 내 이야기를 준비하느라 그 사람의 말을 잘 듣지 못하는 경우가 있기 때문에, 다른 사람의 말을 잘 들을 수 있도록 함께 생각하고 이야기를 시작하겠습 니다. 잠시 함께 생각하는 시간을 갖겠습니다."
④ 진행자로부터 오른쪽으로 돌아가면서 이야기하고, 듣기를 시작한다.	"자, 이야기할 내용이 다 준비되셨나요? 저부터 오른쪽으로 돌아가면서 이야기를 해 보도록 하겠습니다. 괜찮을까요?"
⑤ 마무리한다.	"모두 처음이라 어색할 수도 있는데, 기꺼이 이야기를 들려주셔서 감사합니다."

자아존중감 형성 & 존중의 공동체 문화 만들기

연결하기 TIP!

- 다른 이의 이야기를 경청하기 위해 함께 생각할 시간을 준다.

- 서클이 낯선 참여자를 위해 진행자가 먼저 시작한다.

- 전체 앞에서 이야기하는 것이 낯설거나 당황스러워하는 참여자를 위해 미리 '패스하기'에 대해서도 안내한다. 다만 '패스하기'는 영원히 자신의 표현을 하지 않는 개념이 아니라 지금의 순서는 넘기되 다른 모두가 이야기 하고 난 후에 재차 나에게 순서가 오면 그때 이야기하는 것임을 안내한다.

- 여러 장치가 있음에도 여전히 말하고 싶지 않아 하는 참여자가 있는 경우, 그의 선택을 최대한 존중하면서, 이름과 느낌 정도라도 짧게 나눠줄 수 있는지 부탁해 본다. 그럼에도 거절한다면 그 선택을 존중한다.

- 진행자로서 참여자들이 원하지 않는 말을 할 때나, 다른 참여자가 질문이 이게 아니라고 말하는 경우가 있더라도 진행자는 참여자의 선택을 존중하여 그가 최대한 안전하게 말할 수 있는 공간을 갖도록 허용한다.

- 연결하기 중간에 늦게 도착한 참여자가 있을 경우, 그 순간 토킹피스를 들고 이야기하고 있는 참여자의 말이 마무리되기를 기다렸다가 토킹피스이 다음 사람으로 넘어가는, 그 사이 순간에 잠시 멈춰주기를 부탁하고 늦게 온 참여자를 향해 간단한 환영과 오늘의 연결하기 주제에 대해 안내한다. 안내 후에는 토킹피스을 받고도 잠시 기다려준 참여자에게 감사를 표하고 그가 다시 말을 이어가기를 초대한다.

우리들의 약속

목   적 : 안전한 소통의 공간 만들기
소요시간 : 5~10분(그룹 특성상 안전한 공간 구축이 필요한 경우, 시간이 더 소요될 수 있음)

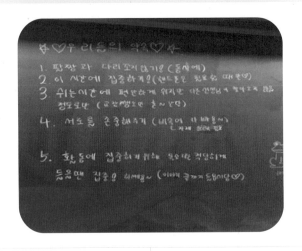

① 서클타임 시간에 적용되는 우리들의 약속에 대해 설명한다.

"지금부터 있을 서클타임의 이 시간과 이 자리가 서로에게 안전한 공간이며, 서로를 존중해줄 수 있는 대화의 장소가 될 수 있도록 우리 스스로가 우리를 위한 약속을 만들어 보려고 합니다."

"이 자리가 우리에게 조금 더 편안하고 안전한 공간이 되려면 어떤 약속들이 필요할까요? 떠오르는 의견들이 있으시면 제안해 주세요."

② 참여자들로부터 제안을 받고, 모두의 동의가 이루어지면 약속으로 정한다.

TIP! 동의가 이루어지지 않을 경우, 그 사람이 중요하게 여기는 것이 무엇인지를 묻고, 참여자들이 중요하게 생각하는 것도 약속에 포함 될 수 있도록 돕는다.

약속의 예)
- 친구의 이야기를 끝까지 들어주기
- 내 이야기를 하기
- 사적인 이야기는 보호해주기
- 종이 울리면 침묵하기
- 실수해도 되기

충전놀이 1. 바람이 붑니다.

목   적 : 창조적으로 상상하기, 자기 인식, 차이인식, 다양성의 수용
소요시간 : 10~20분

① 진행자는 자신의 의자를 뒤로 빼놓아 참여자의 수보다 의자의 개수가 하나 더 부족하게 만든 뒤, 가운데에 선다.

"여러분, 우리의 서클에 활력을 주기 위해 잠시 바람을 불러일으켜 보려고 합니다."

② 원의 중앙에 서 있는 진행자를 제외한 다른 참가자들은 의자에 앉아 있는 상태가 된다.

"놀이를 하다보면 우리 중 누군가는 원의 가운데에 서게 될 텐데요. 그 때, 이 주문을 외우면 바람이 저절로 불러일으켜져요. '바람이 붑니다~ 바람이 붑니다~' 한 번 같이 해 볼까요? 네, 이렇게 주문을 외운 다음에 앉아 있는 사람 중에 3명 이상 해당할 것 같은 특징 하나를 이야기하면서 'OO 한 사람들에게 바람이 붑니다.'라고 말해주면 됩니다. 그러면 앉아 있는 사람 중에서 자신이 그 특징에 해당이 된다고 생각하는 분들은 일어나서 내 자리와 양옆 자리를 제외한 다른 빈 의자를 찾아가서 앉으시면 돼요."

③ 진행자는 설명 후, 자신이나 그룹에 관한 독특하고 특이한 경험, 혹은 특성이나 성향 등을 말한다. 그 진술문에 해당하는 사람들 (진행자도 포함)은 자신의 위치를 벗어나 서로 섞이면서 빈 의자를 찾아 앉는다.

"바람이 붑니다~ 바람이 붑니다~ 바지 입고 있는 사람들에게 바람이 붑니다."

"바람이 붑니다~ 바람이 붑니다~ 오늘 아침을 한 사람에게 바람이 붑니다."

"바람이 붑니다~ 바림이 붑니다~ 동생이 있는 사람에게 바람이 붑니다."

④ 모두가 움직이고 난 후, 의자를 못 찾은 사람이 원의 가운데 자리에 서서 새로운 라운드를 시작한다. 그룹의 에너지가 어느 정도 올라올 때까지 놀이를 진행한다.

쉬는시간

자아존중감 형성 & 존중의 공동체 문화 만들기

활동 1. 질문해도 될까요?

목   적 : 자기인식 발달, 상호이해, 자기표현, 상대를 경청하기
소요시간 : 20~30분 (소그룹 활동)
준 비 물 : 유인물

① 4-5명이 한 조가 되게 하여 조를 나눈다.

"'도.레.미.파.' 라고, 돌아가며 말해볼까요? 도레미파.
도레미파~. '도', '레', '미', '파'끼리 조를 만들어서 작은
원을 만들게요."

② 순서를 정한 뒤, 유인물을 나누어준다.

"각 조에서 오늘 아침에 일어난 시간을 서로 이야기
해 주세요. 가장 일찍 일어난 사람이 1번, 1번의 오른
쪽에 있는 사람이 2번... 이렇게 돌아가며 번호를 매겨
볼게요."

"유인물을 나눠 줄 텐데, 방법을 설명하고 함께 시작
할 테니, 먼저 받은 조는 조금만 기다려 주세요."

③ 유인물을 소개하고, 각자에게 같은 시간이 주어진다고 설명한다.

TIP! 참여자의 성향에 따라 시간을 조절할 수 있다. 이야기를 잘하는 성향의 공동체인 경우는 개인당 4-5분, 그렇지 않은 경우에는 1-2분 정도도 가능하다.

"유인물에 '질문해도 될까요?'라고 적혀있어요. 그리고 밑에는 20개의 항목에 여러 가지 질문들이 있는데요. 지금부터 모두에게 순차적으로 동일하게 시간을 줄 거예요. 그 시간은 온전히 그 사람만 대답할 수 있는 그 사람만의 시간이 됩니다. 각자에게 2분씩 시간을 줄 거고요. 번호순으로 돌아갈 거예요."

④ 질문하는 방법과 대답하는 사람의 표현법을 설명한다.

"1번의 시간이 되면, 주어진 시간 동안 1번만 대답을 할 수 있고, 2번부터 다른 번호들은 돌아가며 유인물의 질문을 하나씩 하면 되는데요. 각 항목의 질문을 하기 전에, 먼저 '질문해도 될까요?'라고 물어봐 주세요. 그러면 주인공인 1번은 '네,' 혹은 '아니오'라고 대답할 수 있어요. 만약 '네'라고 대답한다면, 항목의 질문을 찾아 질문을 이어가서 그에 해당하는 이야기를 들으면 되고, '아니요'라고 대답한다면, 잠시 기다렸다가 다시 '질문해도 될까요?'라고 물어봐 주세요. 주인공은 각 사람에게 최대 3번 정도 씩 '아니오'를 할 수 있어요. 물론 한 번도 안 할 수도 있고요."

⑤ 한 사람당 2분 정도의 시간을 주며, 조의 구성원 모두에게 시간이 주어질 때까지 돌아가며 이야기를 나누도록 한다.

"저는 종을 울려 시간을 알려드릴게요. 1분이 남았을 때와 시간이 다 되었을 때를 알리겠습니다. 시작해 주세요."

⑥ 큰 원으로 앉아 전체성찰을 한다.

성찰 질문 :
- 활동을 마친 지금의 느낌은 어떠한가?
- 나 자신이나 친구에 대해 새롭게 알게 된 것이 있다면?
- 인상 깊게 다가오는 질문은?
- 질문해도 될까요? 라는 질문에 '아니요.'로 대답한 사람이 있다면, 어떤 마음으로 그렇게 대답했는지?
- 질문해도 될까요? 라고 질문했는데, 아니요. 라는 말을 들은 경험을 했다면, 그때의 느낌은 어떠했는지?

자아존중감 형성 & 존중의 공동체 문화 만들기

충전놀이 2. 미션 눈치게임

목   적 : 사회성, 협력, 긍정적 성취감
소요시간 : 10분

① 전체 참여자의 수를 확인한다.	"이제 놀이를 해 보려고 합니다. 우리가 몇 명이죠? 저까지 총 ○○명이네요"
② 공동의 목표를 정하고, 진행자가 1을 외치며 자리에서 일어난다. 그때부터 눈치게임이 시작 된다. **TIP!** 기존 눈치게임 방식에 익숙한 학생이 많은 경우, 빨리 일어나려고 하거나, 비난의 에너지가 높아질 수 있기에 목표 숫자에 함께 도달 하는 것이 공동체의 미션임을 확인시켜준다.	"10을 목표로 해 볼게요. 우리의 목표는 10입니다. 이제 시작할게요. 1!" "우리의 목표는 함께 10까지 가 보는 거예요~! 같이 힘을 모아봐요~."
③ 성공과 실패의 여부에 따라 목표 수를 늘리거나 줄이면서 진행한다.	"10은 우리에게 좀 큰 수인가 봐요. 그럼, 우리의 목표를 5로 수정해 볼게요. 시~작!" "10은 가뿐하네요. 그럼 15에 도전해 볼까요? 시~작!"
③-1. 변형 미션의 카테고리를 변경할 수 있다. 카테고리의 예) - 과자 이름 - 야식 종류 - 중국집 음식 종류 - 유튜브 채널	"이제 숫자가 아닌 다른 카테고리를 목표로 해 볼게요. 과자 이름으로 해 볼 텐데요. 아무거나 떠오르는 과자 종류를 외치면서 일어나세요. 이 때, 일어나는 순서는 겹쳐도 되지만, 과자 이름이 겹치면 안 돼요. 그러니, 앞에서 말한 과자 이름을 말하지 않도록 잘 들어주세요. 시~작!"

전체성찰 <이 시간을 보내고 나서 나에게 남아있는것은?>

목   적 : 전체 서클의 공간 닫기, 지지하기, 돌봄, 안전감 찾기
소요시간 : 20-30분 (참여자 수에 따라 달라질 수 있음)
준 비 물 : 토킹피스, 센터피스

① 오늘 서클활동을 마무리하며 함께 한 시간을 돌아본다.

"오늘 서클을 마무리하며 함께 경험한 것들을 한 번 돌아보려고 해요. 우리가 함께 경험한 것 중 무엇이 생각나나요?"

"네, 이야기해 주어 고마워요.

침묵을 초대하며 시작했어요. 이후, 돌아가며 토킹피스를 들고 자신의 이야기를 했지요. 이름, 지금 느낌, 들으면 기분 좋아지 는 말을 한마디씩 나누었어요. 이후, 조금 더 안전하고 편안한 시간과 공간이 되기 위한 약속을 만들었고, 그 약속들에는 ...이런 것들이 있었네요. 이후 '바람이 붑니다.'를 하고, '질문해도 될까요?' 활동도 했어요. 눈치게임도 해 보았지요. 그러고 이제 이 시간이 되었네요."

② 각자에게 이 시간이 어떤 의미였는지, 시작할 때와 어떤 점이 달라졌는지, 혹은 같은지, 새롭게 알게 되는 것이 있는지 등 개인 성찰과 함께 이야기 나누는 시간을 갖는다.

"토킹피스와 함께 돌아가며 이야기를 나누어보려고 해요. 오늘의 서클 시간이 각자에게 어떤 의미로 다가왔는지, 새롭게 알게 된 점이 있다면 어떤 것이 있는지 이야기 나누어주면 됩니다. 모두가 함께 이야기 듣고 나누기 위해 잠시 생각할 시간을 함께 가질게요."

(잠시 후)"시간이 더 필요하신 분 있으신가요?"

(없다면) "없으시면 제가 먼저 시작하겠습니다."

(있다면) "조금 더 기다리겠습니다.

이야기가 끝난 뒤,

"한 명 한 명 이야기를 들려주어 고마워요. 또 끝까지 귀 기울여 주어서 고마워요. 나 혼자의 느낌만 가지고 가는 것이 아니라, 모두의 느낌을 함께 가져갈 수 있어 더 풍성해지는 것 같아요."

자아존중감 형성 & 존중의 공동체 문화 만들기

서클 닫기 <우리는 연결되어 있습니다.>

목   적 : 서클의 공간 닫기, 돌봄, 자아의식, 연결, 안전한 공간, 공동체 확인
소요시간 : 10~20분
준 비 물 : 센터피스, 상징물

① 옆 사람과 손을 잡게 한다.

①-1. 변형
서로 손을 잡는 것에 민감한 학령대의 경우,
발을 대어 서로 연결하기로 변형할 수 있다.

"이제 마무리를 하려고 합니다. 양옆 사람들과 손을
잡아 주세요"

"이제 마무리를 하려고 합니다. 양옆 사람들과 발을
살짝 대 주세요"

② 모두가 연결된 상태에서 진행자의 말을 함
께 따라 하며 마무리한다.

"이제 이렇게 연결된 상태로 제가 하는 말을 모두 함
께 따라 해 주세요.

'우리는(우리는) 하나로(하나로) 연결되어 있습니다.
(연결되어 있습니다.)

함께 손을 잡고 있을 때도(함께 손을 잡고 있을 때
도) 함께 손을 잡고 있지 않을 때도(함께 손을 잡고 있
지 않을 때도) 우리는(우리는) 하나입니다. (하나입니
다.)'"

"손을 들어 서로를 한 번 바라보며, 응원의 눈빛, 사랑
의 눈빛을 보내주세요~ 이제 함께 '고맙습니다.'라고
외치며 마칠게요. '고맙습니다.'"

2_단시간 매뉴얼

- 2차시 교안_3_감정카드
- 자아존중감 형성

1) 진행안

서클 열기	진행자 소개, 일정안내
연결하기	<나 자신에 대해 뿌듯했던 일 한 가지?>
우리들의 약속	"안전한 공간을 위해 내가 할 수 있는 일이 있다면?"
충전놀이1	바람이 붑니다.
쉬는 시간	
활동1	감정카드
충전놀이2	릴레이연상단어
전체성찰	이 시간을 보내며 서클타임에서 가져가는 것은?
서클 닫기	펭귄인사

자아존중감 형성 & 존중의 공동체 문화 만들기

2) 진행 순서에 따른 매뉴얼

서클 열기(환영, 소개-일정, 진행자, 공간)

목   적 : 환대 및 서클의 공간 열기
소요시간 : 5~10분
준 비 물 : 센터피스

① 진행자는 참여자와 진행자의 수에 맞게 의자를 원으로 배치하고, 센터피스를 놓는다. 시작 하기 전에 몸을 안정시킬 간단한 다과나 음악을 준비해 참여자들을 환대한다.

② 시간이 되어 모두가 원에 앉으면 간단한 환영의 말을 건넨 후, 종을 울려 침묵을 초대한다.

"이 자리에 모인 여러분 모두를 환영합니다. 평소와는 조금 다른 형태로 둘러앉았어요. 이 원에서 우리의 마음이 더 연결되고 서로를 기꺼이 환영하게 되기를 기대합니다.
몸과 마음을 함께 모으고 시작하고 싶어요. 자연스럽고 편안하게 몸을 두시고, 눈을 감거나 가운데(센터피스)를 가만히 바라보시면 되겠어요. 나의 호흡이나 마음의 느낌에 가만히 머물러보겠습니다.
첫 번째 종이 울리면 침묵을 시작하고, 두 번째 종 울리면 침묵을 마치겠습니다.
(타종) 네, 고맙습니다."

③ 일정과 진행자, 공간을 소개한다.
TIP! 일정표를 미리 간단하게 적어 놓으면 도움이 된다.

"반갑습니다. 저는 오늘 서클을 함께 하게 될 진행자 OOO입니다. 오늘 우리의 일정을 살펴보면 다음과 같습니다. (일정표 확인) "

연결하기 <나 자신에 대해 뿌듯했던 일 한 가지?>

목   적 : 친밀해지기, 지지하기, 공동체 구축
소요시간 : 20~30분 (참여자 수에 따라 달라질 수 있음)
준 비 물 : 토킹피스

① 연결하기 시작을 알린다.	"여기 있는 모두의 목소리를 들으며 함께 마음을 연결하고 싶어요."
② 토킹피스에 대해 안내한다.	"제가 토킹피스(talking piece)를 들고 있는데요. 토킹피스는 두 가지 약속을 담고 있습니다. 이것을 들고 있는 사람이 이야기하고, 다른 사람들은 그 이야기를 잘 들어보는 것입니다."
③ 질문을 안내하고, 질문에 대해 생각할 시간을 갖는다. 1) 이름 2) 지금의 느낌 3) 나 자신에 대해 뿌듯했던 일은? * 잠시 함께 생각할 시간을 가진 후 어느방향으로 순서가 돌아갈지 알려준 뒤 진행자부터 이야기를 시작한다.	"토킹피스를 통해 나누고 싶은 질문은 세 가지입니다. 자신의 이름, 지금 느낌, 그리고 '나 자신에 대해 뿌듯했던 일'한 가지를 떠올리고 나눠 주시면 되겠어요. 함께 듣기 위해서, 지금은 각자 자신의 이야기를 생각하는 시간을 갖도록 하겠습니다."
④ 시작할 때는, 진행자부터 시작하여 한쪽으로 돌아간다는 것을 안내하고, 방향을 제안한다.	"모두 준비가 되었다면, 저부터 시작해서 오른쪽 (또는 왼쪽)으로 돌아가면서 이야기를 해 보도록 하겠습니다. 그렇게 가도 괜찮을까요?"
⑤ 진행자로부터 정해진 방향으로 돌아가면서 이야기하고 듣는다. 모두가 이야기하고 토킹피스가 진행자에게 돌아오면, 마무리한다.	"많은 사람 앞에서 자신의 이야기를 기꺼이 나누어주셔서 감사합니다. 그리고 잘 들어주셔서 감사합니다."

연결하기 TIP!	- 다른 이의 이야기를 경청하기 위해 함께 생각할 시간을 준다. - 서클이 낯선 참여자를 위해 진행자가 먼저 시작한다. - 참여자들이 말하고 싶지 않아 할 때, 참여자의 선택을 최대한 신뢰한다. - 진행자로서 참여자들이 원하지 않는 말을 할 때나, 다른 참여자가 질문이 이게 아니라고 말하는 경우가 있다. 그럴 경우 참여자가 선택을 존중하여 최대한 안전하게 말할 수 있는 공간을 허용한다. - 늦게 도착한 참여자가 있을 때, 참여자들에게 양해를 구하고, 간단한 환영과 함께 연결하기 주제를 안내한다.

우리들의 약속

목　　적 : 안전한 소통의 공간 만들기
소요시간 : 5~10분(그룹 특성상 안전한 공간 구축이 필요한 경우, 시간이 더 소요될 수 있음)

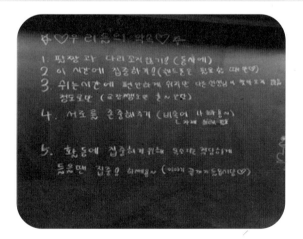

① 서클타임 시간에 적용되는 우리들의 약속에 대해 설명한다.	"이 시간과 이 자리가 서로에게 안전한 공간이며, 서로를 존중해 줄 수 있는 장소가 될 수 있도록 우리 자신을 위한 약속을 만들어 보려고 합니다." "이 자리가 조금 더 편안하고 안전한 공간이 되려면 어떤 약속들이 필요할까요? 떠오르는 의견들이 있으시면 제안해 주세요."

② 참여자들로부터 제안을 받고, 모두의 동의가 이루어지면 약속으로 정한다.

TIP! 동의가 이루어지지 않을 경우, 그 사람이 중요하게 여기는 것이 무엇인지를 묻고, 참여자들이 중요하게 생각하는 것도 약속에 포함 될 수 있도록 돕는다.

약속의 예)
- 친구의 이야기를 끝까지 들어주기
- 자신의 이야기를 하기 (I-message)
- 사적인 이야기는 보호해 주기
- 쫑이 울리면 진행자 바라봐 주기
- 실수해도 되기

충전놀이 1. 바람이 붑니다.

목　　　적 : 창조적으로 상상하기, 자기 인식, 차이인식, 다양성의 수용
소요시간 : 10~20분

① 진행자는 자신의 의자를 뒤로 빼놓아 참여자의 수보다 의자의 개수가 하나 더 부족하게 만든 뒤, 가운데에 선다.

"여러분, 우리의 서클에 활력을 주기 위해 잠시 바람을 불러일으켜 보려고 합니다."

자아존중감 형성 & 존중의 공동체 문화 만들기

② 원의 중앙에 서 있는 진행자를 제외한 다른 참가자들은 의자에 앉아 있는 상태가 된다.

"놀이를 하다보면 우리 중 누군가는 원의 가운데에 서게 될 텐데요. 그 때, 이 주문을 외우면 바람이 저절로 불러일으켜져요. '바람이 붑니다~ 바람이 붑니다~' 한 번 같이 해 볼까요? 네, 이렇게 주문을 외운 다음에 앉아 있는 사람 중에 3명 이상 해당할 것 같은 특징 하나를 이야기하면서 'OO 한 사람들에게 바람이 붑니다.'라고 말해주면 됩니다. 그러면 앉아 있는 사람 중에서 자신이 그 특징에 해당이 된다고 생각하는 분들은 일어나서 내 자리와 양옆 자리를 제외한 다른 빈 의자를 찾아가서 앉으시면 돼요."

③ 진행자는 설명 후, 자신이나 그룹에 관한 독특하고 특이한 경험, 혹은 특성이나 성향 등을 말한다. 그 진술문에 해당하는 사람들(진행자도 포함)은 자신의 위치를 벗어나 서로 섞이면서 빈 의자를 찾아 앉는다.

"바람이 붑니다~ 바람이 붑니다~ 바지 입고 있는 사람들에게 바람이 붑니다."

"바람이 붑니다~ 바람이 붑니다~ 오늘 아침을 한 사람에게 바람이 붑니다."

"바람이 붑니다~ 바람이 붑니다~ 동생이 있는 사람에게 바람이 붑니다."

④ 모두가 움직이고 난 후, 의자를 못 찾은 사람이 원의 가운데 자리에 서서 새로운 라운드를 시작한다. 그룹의 에너지가 어느 정도 올라올 때까지 놀이를 진행한다.

쉬는시간

활동 1. 감정 카드

목   적 : 자기감정 표현, 자기인식 발달, 느낌을 긍정하고 인정하기, 다른 사람들의 감정 이해하기,
　　　　 상대를 경청하기
소요시간 : 20~30분 (그룹 활동)
준 비 물 : 감정카드, 필요하다면 각자에게 포스드잇과 펜

① 4~6명씩 소그룹을 나눈다.
나누고 싶은 그룹 개수에 맞는 음절수의 단어를 선택한다.
(예: 5개 그룹일 때는 도레미파솔)

"돌아가면서 한 사람이 한 글자씩 외치겠습니다.
도/레/미/파/솔. 그러고 나면, 다음 사람부터 다시
도/레/미/파/솔 이런 식으로 돌아가겠습니다. (모두
가 글자를 외치면)
같은 글자끼리 모여서 동그랗게 앉겠습니다."

② 만난 그룹원들끼리 반가운 인사를 나눈 후, 순서를 정하도록 한다.

TIP!
오늘 아침에 일어난 시간을 물어보고 가장 먼저 일어난 사람부터 1번을 정하거나, 엄지손가락 길이를 재서 가장 짧은 사람부터 1번을 정하는 방식으로 다양하게 순서를 정할 질문을 줄 수 있다.

"오늘 아침에 눈을 떠서 시간을 봤을 때 몇 시 몇 분이었는지를 조별로 확인해 주세요. 우리 조 에서 '내가 가장 먼저 일어났어요' 하시는 분은 손을 들어주세요. 그분이 '1번'입니다. 그리고 오른쪽으로 돌아가면서 '2번', 그 오른쪽 사람이 '3번', 그 오른쪽 사람이 '4번'이 됩니다."

자아존중감 형성 & 존중의 공동체 문화 만들기

③ 진행자가 직접 감정카드를 들고 시범을 보여 준다:

카드를 다른 사람들만 보이도록 머리 위로 들고, 참여자들이 언제 그 감정을 느꼈는지를 설명하면 진행자가 그 감정을 맞힌다.

TIP! 단어 자체를 설명하지 않고, 언제 그 감정을 느꼈는지 경험이 들려지는 방식으로 설명하도록 안내한다.

"제 손에 감정이 적힌 카드가 있어요. 저는 안 보이고 여러분만 보이도록 제가 들어볼게요.

자, 이제 여기에 어떤 감정이 있는지 눈으로만 확인해 주세요. 보신 분들은, 언제 내가 이 감정을 느꼈는지, 또는 '이럴 때 이 감정을 느껴요'하는 경험을 이야기해 주시면 제가 맞춰볼게요."

---

④ 이런 방식으로 순서대로 돌아가며 조별로 활동한다는 것을 안내한다.

진행자가 제안한 시간 동안 계속해서 진행하도록 한다.

"제가 지금 보여드린 방식으로, 조별로 감정카드 활동하겠습니다. 1번이 먼저 카드를 뽑으시고, 다음 번호부터 한 사람씩 돌아가며 자기 경험을 이야기해 주세요. 그룹원들의 이야기를 듣고 어떤 감정인지 맞혀보는 거예요. 힌트를 듣고도 모르겠다면, 추가로 힌트를 요청하셔도 좋고, 정말 어렵다면 카드를 보고 다음 사람으로 넘어가셔도 됩니다.

제가 총 10분을 드릴 테니, 종이 울릴 때까지 순서대로 돌아가며 활동하겠습니다."

---

⑤ 만약 정해진 시간 안에 주어진 카드를 모두 소진한 그룹이 있다면, 다른 그룹과 카드를 통째로 바꾸어서 더 해 보도록 안내한다.

"다른 그룹의 카드와 바꿔드릴게요. 새로운 감정들이 있으니, 같은 방식으로 제가 마쳐달라고 할 때까지 계속 진행해 주세요."

---

⑥ 전체 원으로 앉아 성찰을 나눈다.

* 또는 소그룹 활동을 마치고, 그 상태로 질문을 주고 그에 해당하는 감정카드를 뽑아서 머리 위로 들어보도록 할 수도 있다.

성찰 질문 :
- 활동을 마친 지금의 느낌은 어떠한가요?
- 나와 친한 감정, 내가 살면서 익숙하게 느끼는 감정은 무엇이 있었나요?
- 나와 아주 거리가 먼 감정, 별로 느끼지 않는 감정은 어떤 것이 있었나요?
- 최근에 내가 (개인적으로/공동체에서) 자주 느꼈던 감정은 무엇인가요?
- (앞 질문과 연결해서) 그 감정을 유지하는 데 필요한 것은 무엇인가요? 혹은 그 감정을 전환하는 데 필요한 것은 무엇인가요?

충전놀이 2. 릴레이 연상단어

목   적 : 창조적으로 상상하기, 떠오르는 자기 생각을 존중하기
소요시간 : 10~20분

① '연상'이라는 말을 모르는 경우를 대비해서, 시작 전에 다 같이 그 개념을 확인한다.

"연상된다는 말을 아시나요? 어떤 말을 듣고, 관련해서 무언가 새롭게 떠오르는 것을 뜻하는데요, 예를 들어 '겨울' 하면 뭐가 떠오르시나요? (눈사람, 루돌프 등) 네 맞습니다."

② 놀이 방법을 안내한다:
진행자가 단어를 떠올리고 그 단어를 옆 사람에게 전달하면, 그것을 듣고 연상되는 다른 단어를 옆 사람에게 전달한다.

TIP! 간혹 단어가 공유될 때 불편함을 주는 단어가 나오는 것을 예방하기 위해, '성적인 표현이나 욕, 또는 친구 이름은 제외하기'를 부탁하는 것이 도움이 될 수 있다.

"지금부터 제가 단어 하나를 정하고 옆 사람에게 그 단어를 조용히 전달할 겁니다. 그러면 그 단어를 들은 사람은 듣자마자 떠오르는 다른 단어, 즉 연상되는 단어를 그 옆 사람에게 조용히 전달하면 됩니다.
길게 생각하지 않고 3초를 넘기지 않고 전달하도록 할게요. 전달할 때는 다른 사람들에게 들리지 않도록 전달하면 되겠습니다."

③ 한 바퀴를 돌아 마지막 사람에게 단어가 도착하면, 마지막 사람이 떠올린 단어와 처음 시작한 단어를 확인한다. 그러고 나서 단어를 순서대로 확인한다.

TIP! 이때 같은 단어가 나온다면, 그 단어를 말한 사람끼리 반갑게 하이 파이브를 하고 자리를 바꾸게 한다.

"마지막 분, 떠오른 단어는 무엇인지 전체에게 들려주세요. (단어를 듣고) 네, 마지막으로 떠오른 단어는 OO이었고, 제가 시작한 단어는 OO이었네요. 그러면 어떤 과정을 거쳐 이렇게 도착했는지 확인해 보겠습니다. 저부터 시작해서 순서대로, 자신이 조용히 전달한 단어를 이번에는 모두가 들을 수 있게 이야기하겠습니다."

TIP! "지금 3명이 같은 단어를 이야기했는데요, 우리의 텔레파시를 축하하며 반갑게 서로 하이 파이브하고 자리를 바꿔 앉겠습니다."

* 참여자 숫자가 많은 경우 진행 방법

- 참여자 숫자가 25명이 넘는 경우, 한 라운드에 긴 시간이 걸리기 때문에 두 그룹으로 나누어 동시에 진행할 수 있다. 이때는 진행자를 기준으로 양쪽으로 12~13명씩 그룹을 나누고, 각 그룹의 마지막 사람이 누구인지 확인해 준다.
- 진행자는 양쪽의 첫 번째 사람에게 같은 단어를 전달해 준다. 그룹이 2개이므로, 마지막에 도착하는 단어도 2개가 된다.

"저를 기준으로 왼쪽 사람부터 OO까지 한 그룹, 오른쪽 사람부터 OO까지 한 그룹으로 나누겠습니다. 그러면 왼쪽은 12명, 오른쪽은 13명이 되겠지요? 제가 단어를 하나 떠올린 후에 양쪽 사람에게 조용히 전달할 겁니다. 그러면 그 단어를 듣고 연상되는 다른 단어를 다음 사람에게 조용히 전달해 주세요. (양쪽이 다 준비되면 듣는다) 왼쪽 그룹 마지막 사람은 어떤 단어가 떠올랐나요? 오른쪽 그룹은요?"

전체성찰 <우리 반에서 자주 만나고 싶은 감정은?>

목   적 : 전체 서클의 공간 닫기, 지지하기, 돌봄, 안전감 찾기
소요시간 : 10분 (참여자 수에 따라 달라질 수 있음)
준 비 물 : 포스트잇, 펜

① 오늘 서클에서 경험한 것을 함께 살펴본다.

② 각자에게 포스트잇 1장과 펜을 나누어준다. 감정카드 활동에서 만난 감정들을 떠올리도록 한다. 필요하다면 원 중앙에 감정카드를 펼쳐 둔다.

③ 포스트잇에 적을 주제를 안내하고 각자 적도록 한다.

④ 오늘의 소감과 포스트잇에 적힌 내용을 돌아가며 나누도록 한다.

⑤적은 포스트잇을 가운데에 모으게 한다.

"오늘 우리가 서클에서 함께 한 시간을 되돌아볼까요?"

"이제, 포스트잇과 펜을 하나씩 나누어 드릴게요. 가운데에 놓여있는 감정들을 살펴보시고, 내가 앞으로 이 공동체에서 자주 만나고 싶은 감정, 더 많이 느꼈으면 하는 감정을 하나 골라서 적어주세요."

"다 적으셨나요? 그렇다면 토킹피스를 돌려가며 두 가지를 이야기하겠습니다. 내가 적은 감정을 읽어주시고, 오늘 서클이 어떻게 다가왔는지도 나눠주세요."

(잠시 후)"시간이 더 필요하신 분 있으신가요?"

(없다면) "없으시면 제가 먼저 시작하겠습니다."

(있다면) "조금 더 기다리겠습니다."

(모두 이야기를 나눈 후)"적은 포스트잇은 가운데에 모으겠습니다."

서클 닫기 <펭귄인사>

① 참여자를 반으로 나눈다.

② 펭귄처럼 양손을 허벅지에 붙이되, 그룹별로 각각 손 모양을 다르게 해 달라고 요청한다. (1그룹은 양 손바닥이 아래로 향하게, 2그룹은 손바닥이 위로 향하게 한다)

③ 30초의 시간 동안, 모두는 펭귄 처럼 뒤뚱거리며 양옆에 자신과 다른 손 모양의 펭귄이 위치하도록 자리를 찾아간다.
(양 옆 사람과 손바닥이 마주 보도록 서게 한다)

④ 진행자는 필요한 손 모양을 하고 선다.

⑤ 모두 자리를 찾았다면, 양옆 사람과 손바닥을 마주치며 펭귄박수를 치고 마친다.

"제 오른쪽 사람부터 00까지 한 그룹, 왼쪽 사람부터 00까지 다른 한 그룹으로 나누겠습니다.

모두가 펭귄처럼 양손을 허벅지에 붙여주세요. 단, 제 오른쪽 그룹은 양 손바닥이 아래를 향하게 하시고, 제 왼쪽 그룹은 양 손바닥이 위를 보게 합니다.

이제 30초를 드릴 텐데, 여러분은 펭귄이 되어 자신의 양옆 짝을 찾아서 서시면 됩니다. 찾는 방법은 내 손바닥과 옆 사람의 손바닥이 서로 마주 볼 수 있도록 동그랗게 서시면 됩니다. 자 시작하겠습니다!"

"모두 서셨나요? 이쪽 펭귄 사이에 제가 이렇게 들어가면 모두가 손바닥을 마주 보고 서게 되겠네요.

이제 제가 신호하면 신나게 몸을 흔들면서 함께 해 준 서로에게 박수쳐주겠습니다. 물론 박수치려면 양옆 사람의 손바닥이 필요하겠죠?

오늘 함께 해 주셔서 고맙습니다. 서로에게 박수~"

2_단시간 매뉴얼_2차시 교안

- 2차시 교안_4_함께꾸는 꿈
- 존중의 공동체 문화 만들기

1) 진행안

서클 열기	진행자 소개, 일정안내
연결하기	<나에게 우리학급은 ~과 같다. 왜냐하면 ~이기 때문이다.> 이 문장을 완성해 보세요.
우리들의 약속	"더 안전하고, 즐거운 시간을 만들어 가기 위해서 우리들에게 필요한 것은?"
충전놀이1	바람이 붑니다.
쉬는 시간	
활동1	함께 꾸는 꿈
충전놀이2	지휘자를 찾아라
전체성찰	오늘 서클을 함께하고 나서 내 마음속에 남아있는 단어 하나는?
서클 닫기	나/너/우리

2) 진행 순서에 따른 매뉴얼

서클 열기(환영, 소개-일정, 진행자, 공간)

목　　적 : 환대 및 서클의 공간 열기
소요시간 : 5~10분
준 비 물 : 센터피스

① 진행자는 참여자와 진행자의 수에 맞게 의자를 원으로 배치하고, 센터피스를 놓는다. 시작 하기 전에 몸을 안정시킬 간단한 다과나 음악을 준비해 참여자들을 환대한다.

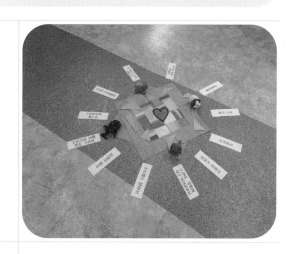

② 시간이 되어 모두가 원에 앉으면 간단한 환영 의 말을 건넨다.

"잠시 침묵하면서 다른 시간, 공간들과 구별하는 시간을 갖고 싶습니다. 몸이 여기 와있듯이 마음도 이 자리에 함께 와 있다면 우리가 함께 하는 시간이 더 빛나고 의미 있는 시간이 될 것 입니다. 복잡한 것, 어려운 것, 분주한 것, 많으시죠? 잠깐 옆에다 다 내려놓고 고요하게 침묵하는 시간을 갖겠습니다. 제가 종을 치면 시작해서 종 치면 마치겠습니다. 1분 정도 침묵할게요. 자, 여러분 모두를 침묵으로 초대합니다.
(타종) (1분 후) 모두 수고하셨습니다. 감사합니다.

③ 간략한 수업 내용과 진행자를 소개한다.

"반갑습니다. 저는 오늘 서클을 함께 하게 될 진행자 OOO입니다. 오늘 우리들이 함께할 대략의 일정은 다음과 같습니다."

연결하기 <나에게 우리 학급은 ~과 같다. 왜냐하면 ~이기 때문이다.>

목   적 : 마음을 연결하기, 공동체 구축
소요시간 : 20~30분 (참여자 수에 따라 달라질 수 있음)
준 비 물 : 토킹피스

① 연결하기 시작을 알린다.	"우리는 오늘, 이 서클에서 몇 가지 활동도 하고, 놀이도 하고, 질문을 놓고 함께 성찰하는 시간도 갖게 될 것입니다. 오늘 함께 하고 싶은 모임의 내용들을 가져 왔어요. 그 내용만큼 중요한 것이 또 하나 있는데요. '그 내용을 함께하는 우리들이 얼마나 연결된 상태에서 그것을 하는지?' 이것도 굉장히 중요하게 생각하고, 관심 있게 바라봐요. 그래서 지금은 무엇을 하기 전에 먼저, 옆에 계신 분들과 함께, 마음과 마음을 연결하는 시간을 갖고 싶어요."
② 이야기 나눌 3가지 주제를 설명한다. 1) 이름 2) 지금의 느낌 3) "나에게 우리 학급은 ~과 같다. 왜냐하면 ~이기 때문이다." 이 문장을 완성해 보세요.	어떻게 연결할 것인지 궁금하시죠? 세 가지 짧은 주제를 돌아가면서 이야기하는 방식으로 연결하고 싶습니다. 첫 번째는 본인의 이름을 말씀해 주세요. 두 번째는 지금 이 자리에 함께 하고있는 느낌입니다. 세 번째는 올 한해 우리가 함께 생활한 학급 공동체가 어떻게 다가왔는지 그 경험을 나누고 싶어요. 다음 문장을 완성해 주세요. '나에게 우리 학급은 ~과 같다. 왜냐하면 ~이기 때문이다.' 이 문장을 완성해 주세요. 다시 한번 확인해 볼게요. 첫 번째 주제가 뭐라고요? 두 번째는, 세 번째는요? 잘 기억해 주셔서 감사합니다.
③ 30초 정도 주제에 대해 함께 생각할 시간을 갖도록 한다.	"간혹 앞 순서의 사람이 이야기할 때, 내 이야기를 준비하느라 그 사람의 말을 잘 듣지 못하는 경우가 있어서, 다른 사람의 말을 잘 들을 수 있도록 함께 생각하고 이야기를 시작하겠습니다. 잠시 함께 생각하는 시간을 갖겠습니다."

자아존중감 형성 & 존중의 공동체 문화 만들기

④ 토킹피스를 소개한다.	"제가 토킹피스를 들고 있는데요. 토킹피스는 서클 안에서 두 가지 역할을 합니다. 우선, 이것을 들고 계신 분은 이야기할 수 있도록 하고, 나머지 분들은 이것을 들고 계신 분이 이야기할 때 잘 들어줄 수 있도록 돕는 역할을 합니다."
⑤ 진행자로부터 오른쪽으로 돌아가면서 이야기 하고, 듣기를 시작한다.	"자 말씀하실 내용이 다 준비되셨나요? 저부터 시작해서 오른쪽으로 돌아가면서 이야기를 해 보도록 하겠습니다. 괜찮을까요?"
⑥ 마무리한다.	"모두 처음이라 어색할 수도 있는데, 소중한 이야기 들려주셔서 감사합니다."

우리들의 약속

목   적 : 안전한 소통의 공간 만들기
소요시간 : 5~10분(그룹 특성상 안전한 공간 구축이 필요한 경우, 시간이 더 소요될 수 있음)

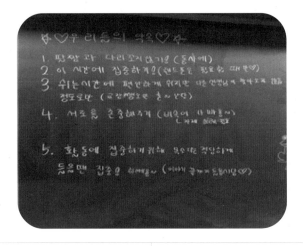

① 서클타임 시간에 적용되는 우리들의 약속에 대해 설명한다.

"지금부터 있을 서클타임의 이 시간과 이 자리가 서로에게 안전한 공간이며, 서로를 존중해줄 수 있는 대화의 장소가 될 수 있도록 우리 스스로가 우리를 위한 약속을 만들어 보려고 합니다."

"이 자리가 우리에게 조금 더 편안하고 안전한 공간이 되려면 어떤 약속들이 필요할까요? 떠오르는 의견들이 있으시면 제안해 주세요."

② 참여자들로부터 제안을 받고, 모두의 동의가 이루어지면 약속으로 정한다.

TIP! 동의가 이루어지지 않을 경우, 그 사람이 중요하게 여기는 것이 무엇인지를 묻고, 참여자들이 중요하게 생각하는 것도 약속에 포함 될 수 있도록 돕는다.

약속의 예)
- 친구의 이야기를 끝까지 들어주기
- 내 이야기를 하기
- 사적인 이야기는 보호해주기
- 종이 울리면 침묵하기
- 실수해도 되기

자아존중감 형성 & 존중의 공동체 문화 만들기

충전놀이 1. 바람이 붑니다.

목   적 : 창조적으로 상상하기, 자기 인식, 차이인식, 다양성의 수용
소요시간 : 10~20분

① 진행자는 자신의 의자를 뒤로 빼놓아 참여자의 수보다 의자의 개수가 하나 더 부족하게 만든 뒤, 가운데에 선다.

"여러분, 우리의 서클에 활력을 주기 위해 잠시 바람을 불러일으켜 보려고 합니다."

② 원의 중앙에 서 있는 진행자를 제외한 다른 참가자들은 의자에 앉아 있는 상태가 된다.

"놀이를 하다보면 우리 중 누군가는 원의 가운데에 서게 될 텐데요. 그 때, 이 주문을 외우면 바람이 저절로 불러일으켜져요. '바람이 붑니다~ 바람이 붑니다~' 한 번 같이 해 볼까요? 네, 이렇게 주문을 외운 다음에 앉아 있는 사람 중에 3명 이상 해당할 것 같은 특징 하나를 이야기하면서 'OO 한 사람들에게 바람이 붑니다.'라고 말해주면 됩니다. 그러면 앉아 있는 사람 중에서 자신이 그 특징에 해당이 된다고 생각하는 분들은 일어나서 내 자리와 양옆 자리를 제외한 다른 빈 의자를 찾아가서 앉으시면 돼요."

③ 진행자는 설명 후, 자신이나 그룹에 관한 독특하고 특이한 경험, 혹은 특성이나 성향 등을 말한다. 그 진술문에 해당하는 사람들 (진행자도 포함)은 자신의 위치를 벗어나 서로 섞이면서 빈 의자를 찾아 앉는다.

"바람이 붑니다~ 바람이 붑니다~ 바지 입고 있는 사람들에게 바람이 붑니다."

"바람이 붑니다~ 바람이 붑니다~ 오늘 아침을 한 사람에게 바람이 붑니다."

"바람이 붑니다~ 바람이 붑니다~ 동생이 있는 사람에게 바람이 붑니다."

④ 모두가 움직이고 난 후, 의자를 못 찾은 사람이 원의 가운데 자리에 서서 새로운 라운드를 시작한다. 그룹의 에너지가 어느 정도 올라올 때까지 놀이를 진행한다.

쉬는시간

활동1. 함께 꾸는 꿈

목　　　적 : 공동체 지지와 돌봄
소요시간 : 20-25분
준　비　물 : 전지 3장, 포스트잇 3가지 색 3세트.

\<활동사진\>

\<공동작업지 사진\>

　　　　　　　　　　　　　　　　　　　　자아존중감 형성 & 존중의 공동체 문화 만들기

① 참여자들에게 포스트잇 3장과 펜 하나씩 나눠준다.	"펜 하나와 포스트잇 3가지 색, 3장을 받아주세요"
② 첫 번째 포스트잇에 기록하게 한다.	"이름은 쓰지 않아도 좋습니다. 대신에 글자는 다른 사람도 알아볼 수 있도록 또박또박 적어주세요." "더 따뜻하고 행복한 우리 공동체를 만들기 위해 내가 먼저 해 볼 수 있는 것은 무엇일까요? 적어주세요."
③ 두 번째 포스트잇에 기록하게 한다.	"더 따뜻하고 행복한 우리 공동체를 만들어 가기 위해, 옆에 있는 친구들에게 부탁하고 싶은 것은 무엇인가요? 친구들이 내 말을 들을 준비가 되어있다면 어떤 부탁을 하고 싶은가요? 적어주세요"
④ 세 번째 포스트잇에 기록하게 한다.	"우리 공동체 사람들과 올해가 가기 전에 꼭 함께해보고 싶은 것은 무엇인가요? 적어주세요"
⑤ 센터피스 주변에 전지 세 장을 펼쳐놓고, 차례로 나와 포스트잇을 붙이게 한다.	"이제 순서대로 나와서 포스트잇을 붙여 볼까요?"
⑥ 세 명의 자원자를 초대하여, 전지에 표현된 내용들을 읽어 달라고 부탁한다.	"전지에 표현된 우리 공동체 친구들의 마음을 읽어줄 자원자 3명을 초대합니다. 어떤 분이 읽어 주실까요?"
⑦ 큰 원으로 앉아 전체성찰을 안내한다.	성찰 질문 - 적혀있는 글 중에 인상적으로 다가온 표현은? - 활동하고 나서 떠오르는 느낌, 생각은?

충전놀이2. 지휘자를 찾아라.

목   적 : 공동체 협력, 재미와 즐거움
소요시간 : 10분
준 비 물 : 없음

① 진행자가 먼저 지휘자가 되어서, 참여자들이 동작을 따라 하게 한다. 동작 시작한 사람을 지휘자라고 부를 것이라고 안내한다.	"제가 하는 동작을 따라 해 보세요. 저는 10초만에 한 번씩 동작을 바꿀 겁니다. 이 동작을 모두 따라 해 주세요."
② 탐정 역할을 해 줄 자원자를 받는다. 관찰력이 뛰어난 사람, 눈썰미가 있다고 생각하는 사람을 초대한다.	"이 놀이에는 탐정 역할을 맡아 주실 한 분이 필요합니다. 우리 중에 평소에 관찰력이 뛰어난 사람, 눈썰미가 있다고 생각하는 사람이 누구인가요? 자원자를 받습니다. 자원해 주시면 고맙겠습니다."
③ 공동체 전체 미션과 탐정의 미션을 설명한다.	"이 놀이는 우리 그룹이 얼마나 마음이 잘 모여지는지 확인하는 놀이입니다. 그룹 전체의 미션이 있고 탐정의 미션이 있습니다. 각자의 미션 달성을 위해서 최선을 다해 주시기를 바랍니다. 그룹 전체의 미션은 지휘자가 노출되지 않게 보호하면서, 지휘자를 따라 하는 것입니다. 탐정의 미션은 지휘자가 누군지 찾아내는 것입니다. 탐정에게는 맞출 기회가 세 번 주어집니다."
④ 공동진행자 혹은 반장과 함께 탐정을 내보낸다. 교실 안의 모습이 안 보이고 소리가 들리지 않는 곳에서 대기하게 한다.	"이제 탐정은 공동진행자(혹은 반장)와 함께 교실 바깥으로 나가서 잠시 대기하겠습니다."
⑤ 교실 안에서는 지휘자를 선정하고 동작을 따라 하는 연습을 하게 한다. 지휘자를 잘 보호하기 위한 아이디어를 2~3명에게 들어본다.	"누가 지휘자를 해 볼까요? 지휘자의 동작을 따라 해 볼까요? 어떻게 하면 지휘자가 노출되지 않게 잘 보호하면서 지휘자를 따라 할 수 있을까요? 잠시 아이디어를 모아볼까요? 자, 이제 탐정을 들어오게 합니다. 동작을 계속 따라 하고 계세요."

⑥ 준비되면, 그룹 전체는 계속 동작을 따라 하고 있으면서, 술래를 들어오게 한다. 탐정이 3번 안에 지휘자를 찾아보게 한다.	"탐정은 안으로 들어와 주세요. 탐정에게는 3번의 기회가 있습니다. 누가 지휘자인지 맞혀보세요"
⑦ 탐정이 못 맞췄으면 그룹 전체에게 축하를, 맞췄으면 술래에게 축하해 준다.	"미션을 달성을 위해서 최선을 다해 준 탐정과 우리 모두에게 축하와 격려의 박수를!"
⑧ 지휘자를 더 잘 보호하기 위한 지혜를 더해 달라고 부탁한다. 새로운 술래를 뽑아 2~3차례 더 해 본다.	"한 번 더 해 볼까요? 이번에는 누가 탐정으로 자원해 주실까요?" "지휘자는 누가 해 주실까요?"

전체성찰 <오늘 서클을 하고 나서 내 마음속에 남아있는 것은?>

목   적 : 전체 서클의 공간 닫기, 지지하기, 돌봄, 안전감 찾기
소요시간 : 10분 (참여자 수에 따라 달라질 수 있음)
준 비 물 : 토킹피스, 센터피스

① 함께 활동하고 나서 각자의 마음 속에 남아있는 단어를 하나씩 표현하도록 초대한다.	"이제 오늘 함께한 소감을 짧게 나누고 싶습니다. 오늘 함께 활동도 하고, 놀이도 하면서 지금 내 마음속에 남아있는 단어 하나씩 표현해 볼까요? 잠시 30초 정도 침묵하겠습니다. 침묵하시 면서 지금 내 마음속에, 살아있는 단어, 남아있는 단어가 무엇인지 살펴보세요. 이제 제가 먼저 시작해서 오른쪽으로 돌아가면서 표현하고 나누겠습니다. 이 토킹피스를 사용해서 해 볼게요." "지금 제 마음 속에 살아있는 단어는 '연결'입니다. 오른쪽으로 토킹피스를 돌리겠습니다."
② 한 바퀴 돌고 나서 격려와 감사의 표현을 간단하게 한다.	"한 명 한 명 소중한 마음 들려주어 고마워요. 또 끝까지 귀 기울여 주어서 고마워요. 수고하셨습니다."

서클 닫기 <나/너/우리>

목 　 적 : 서클의 공간 닫기, 연결, 공동체 확인
소요시간 : 5분
준 비 물 : 센터피스, 상징물

① 진행자의 말과 동작을 따라 하게 한다.	"이제 이 배움의 공간, 나눔의 공간을 닫고 싶습니다. 제가 하는 말과 동작을 따라 해 주세요"
② "나는 소중합니다."라고 말하면서, 두 손을 가슴에 엇갈리게 붙이는 동작을 따라 하게 한다. 붙이고 세 번 가만히 토닥이게 한다.	"이제 제가 하는 말과 동작을 따라 해 주세요. '나는 소중합니다.' 두 손을 이렇게 엇갈리게 붙이면서, 자신을 스스로 토닥이면서 해 봅니다."
③ "당신은 사랑스럽습니다."라고 말하면서, 두 손을 다른 사람들을 향해서 펼쳐 보이게 한다.	"이번에는 두 손을 약간 펼쳐서, 다른 사람들을 향하게 할게요. '당신은 사랑스럽습니다.'라고 말하면서 방향을 바꿔가며 모든 사람을 향해 이 말을 표현해 주세요."
④ "우리는 모두 하나로 연결되어 있습니다"라고 말하면서 옆 사람과 손을 잡게 한다.	"이번에는 양쪽 옆 사람과 손을 잡고 '우리는 모두 하나로 연결되어 있습니다'라고 말하면서 고개를 숙여 인사 나눕니다. 수고 많이 하셨어요. 모두 마칩니다."

　 자아존중감 형성 & 존중의 공동체 문화 만들기

2_단시간 매뉴얼

- 3차시 교안_1_나를 소개합니다, 긍정확언
- 자아존중감

1) 진행안

서클 열기	진행자 소개, 일정안내
연결하기	< 일주일 중 내가 가장 좋아하는 요일과 그 이유는? >
우리들의 약속	"안전한 공간을 위해 내가 할 수 있는 일이 있다면?"
충전놀이1	바람이 붑니다.
쉬는 시간	
활동1	나를 소개합니다.
충전놀이2	왜 / 왜냐하면?
쉬는 시간	
충전놀이3	개미
활동2	긍정확언 활동
전체성찰	이 시간을 보내며 서클타임에서 가져가는 것은?
서클 닫기	<다 괜찮았어, 꼭 필요한 일이야, 참 기대가 돼>

2) 진행 순서에 따른 매뉴얼

서클 열기(환영, 소개-일정, 진행자, 공간)

목   적 : 환대 및 서클의 공간 열기
소요시간 : 10~20분
준 비 물 : 센터피스

① 진행자는 참여자와 진행자의 수에 맞게 의자를 원으로 배치하고, 센터피스를 놓는다. 시작 하기 전에 몸을 안정시킬 간단한 다과나 음악을 준비해 참여자들을 환대한다.

② 시간이 되어 모두가 원에 앉으면 간단한 환영의 말을 건넨 후, 종을 울려 침묵을 초대한다.

"이 자리에 모인 여러분 모두를 환영합니다. 시작에 앞서 우리의 몸이 있는 이 곳, 이 순간으로 내 생각과 마음을 초대해 볼게요. 혹시나 이 후의 시간에 대한 걱정, 이전 시간에 대한 감정들이 지금 내 몸과 마음 안에 있다면 잠시 침묵을 초대해 다른 곳에 있는 우리의 생각과 마음을 알아차려 몸이 있는 이 자리로 불러와 보려고 합니다. 종이 울리면 침묵에 들어가고, 또한 번 종이 울리면 침묵에서 나오겠습니다.
(타종) 네, 함께 침묵해 주어 고맙습니다. 서클로 온 모두를 환영해요."

③ 일정과 진행자, 공간을 소개한다.
TIP! 일정표를 미리 간단하게 적어 놓으면 도움이 된다.

"반갑습니다. 저는 오늘 서클을 함께 하게 될 진행자 OOO입니다. 오늘 우리의 일정을 살펴보면 다음과 같습니다. (일정표 확인) 이 공간은 편안히 사용하시면 되고요, 화장실은 문밖으로 나가셔서 오른쪽으로 돌아가시면 바로 있습니다."

연결하기 <일주일 중 내가 가장 좋아하는 요일과 그 이유는?>

목　　적 : 친밀해지기, 지지하기, 공동체 구축
소요시간 : 20~30분 (참여자 수에 따라 달라질 수 있음)
준 비 물 : 토킹피스

① 연결하기 시작을 알린다.	"이제 진행자(들)의 목소리만이 아니라 우리 모두의 목소리를 함께 들어보려고 합니다."
② 토킹피스에 대해 안내한다.	"제가 토킹피스을 들고 있는데요. 토킹피스는 서클 안에서 두 가지 역할을 합니다. 우선, 이것을 들고 있는 사람은 이야기를 할 수 있도록, 나머지 사람들은 이것을 들고 있는 사람이 이야기를 할 때 잘 들어줄 수 있도록 돕는 역할을 합니다."
③ 진행자는 이야기 나눌 내용을 제안한다. 1) 이름　2) 지금의 느낌 3) 일주일 중 내가 가장 좋아하는 요일과 그 이유는? * 잠시 함께 생각할 시간을 가진 후 어느 방향으로 순서가 돌아갈지 알려준 뒤 진행자부터 이야기를 시작한다.	"토킹피스를 가지고 오늘 함께 이야기 나누고 들으려는 내용은 3가지입니다. '자신의 이름', '지금 느낌', 그리고 세 번째는 '일주일 중 내가 가장 좋아하는 요일과 그 이유는?' 입니다. 서로의 말을 더 잘 듣고 말하기 위해서 모두가 대답이 준비되었을 때 시작하고자 합니다. 잠시 함께 생각하는 시간을 갖겠습니다. (잠시 침묵) 시작해도 괜찮을까요? 진행자인 저부터 시작하고 저의 왼쪽에 있는 사람 쪽으로 순서를 넘기고 싶은데 괜찮은가요? (괜찮다고 하면) 네, 감사 합니다. 그럼, 저부터 시작하겠습니다. "
④ 마무리한다.	"모두 처음이라 어색할 수도 있는데, 기꺼이 이야기를 들려주셔서 감사합니다."

연결하기 TIP!

- 다른 이의 이야기를 경청하기 위해 함께 생각할 시간을 준다.

- 서클이 낯선 참여자를 위해 진행자가 먼저 시작한다.

- 전체 앞에서 이야기하는 것이 낯설거나 당황스러워하는 참여자를 위해 미리 '패스하기'에 대해서도 안내한다. 다만 '패스하기'는 영원히 자신의 표현을 하지 않는 개념이 아니라 지금의 순서는 넘기되 다른 모두가 이야기 하고 난 후에 재차 나에게 순서가 오면 그때 이야기하는 것임을 안내한다.

- 여러 장치가 있음에도 여전히 말하고 싶지 않아 하는 참여자가 있는 경우, 그의 선택을 최대한 존중하면서, 이름과 느낌 정도라도 짧게 나눠줄 수 있는지 부탁해 본다. 그럼에도 거절한다면 그 선택을 존중한다.

- 진행자로서 참여자들이 원하지 않는 말을 할 때나, 다른 참여자가 질문이 이게 아니라고 말하는 경우가 있더라도 진행자는 참여자의 선택을 존중하여 그가 최대한 안전하게 말할 수 있는 공간을 갖도록 허용한다.

- 연결하기 중간에 늦게 도착한 참여자가 있을 경우, 그 순간 토킹피스를 들고 이야기하고 있는 참여자의 말이 마무리되기를 기다렸다가 토킹피스이 다음 사람으로 넘어가는, 그 사이 순간에 잠시 멈춰주기를 부탁하고 늦게 온 참여자를 향해 간단한 환영과 오늘의 연결하기 주제에 대해 안내한다. 안내 후에는 토킹피스을 받고도 잠시 기다려준 참여자에게 감사를 표하고 그가 다시 말을 이어가기를 초대한다.

우리들의 약속

목   적 : 안전한 소통의 공간 만들기
소요시간 : 5~10분(그룹 특성상 안전한 공간 구축이 필요한 경우, 시간이 더 소요될 수 있음)

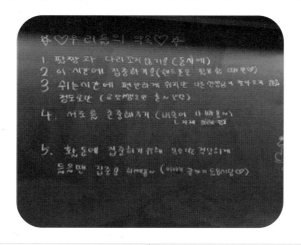

① 서클타임 시간에 적용되는 우리들의 약속에 대해 설명한다.

"지금부터 있을 서클타임의 이 시간과 이 자리가 서로에게 안전한 공간이며, 서로를 존중해줄 수 있는 대화의 장소가 될 수 있도록 우리 스스로가 우리를 위한 약속을 만들어 보려고 합니다."

"이 자리가 우리에게 조금 더 편안하고 안전한 공간이 되려면 어떤 약속들이 필요할까요? 떠오르는 의견들이 있으시면 제안해 주세요."

② 참여자들로부터 제안을 받고, 모두의 동의가 이루어지면 약속으로 정한다.

TIP! 동의가 이루어지지 않을 경우, 그 사람이 중요하게 여기는 것이 무엇인지를 묻고, 참여자들이 중요하게 생각하는 것도 약속에 포함 될 수 있도록 돕는다.

약속의 예)
- 친구의 이야기를 끝까지 들어주기
- 내 이야기를 하기
- 사적인 이야기는 보호해주기
- 종이 울리면 침묵하기
- 실수해도 되기

충전놀이 1. 바람이 붑니다.

목   적 : 창조적으로 상상하기, 자기 인식, 차이인식, 다양성의 수용
소요시간 : 10~20분

① 진행자는 자신의 의자를 뒤로 빼놓아 참여자의 수보다 의자의 개수가 하나 더 부족하게 만든 뒤, 가운데에 선다.

"여러분, 우리의 서클에 활력을 주기 위해 잠시 바람을 불러일으켜 보려고 합니다."

② 원의 중앙에 서 있는 진행자를 제외한 다른 참가자들은 의자에 앉아 있는 상태가 된다.

"놀이를 하다보면 우리 중 누군가는 원의 가운데에 서게 될 텐데요. 그 때, 이 주문을 외우면 바람이 저절로 불러일으켜져요. '바람이 붑니다~ 바람이 붑니다~' 한 번 같이 해 볼까요? 네, 이렇게 주문을 외운 다음에 앉아 있는 사람 중에 3명 이상 해당할 것 같은 특징 하나를 이야기하면서 'OO 한 사람들에게 바람이 붑니다.'라고 말해주면 됩니다. 그러면 앉아 있는 사람 중에서 자신이 그 특징에 해당이 된다고 생각하는 분들은 일어나서 내 자리와 양옆 자리를 제외한 다른 빈 의자를 찾아가서 앉으시면 돼요."

자아존중감 형성 & 존중의 공동체 문화 만들기

③ 진행자는 설명 후, 자신이나 그룹에 관한 독특하고 특이한 경험, 혹은 특성이나 성향 등을 말한다. 그 진술문에 해당하는 사람들(진행자도 포함)은 자신의 위치를 벗어나 서로 섞이면서 빈 의자를 찾아 앉는다.

"바람이 붑니다~ 바람이 붑니다~ 바지 입고 있는 사람들에게 바람이 붑니다."

"바람이 붑니다~ 바람이 붑니다~ 오늘 아침을 한 사람에게 바람이 붑니다."

"바람이 붑니다~ 바람이 붑니다~ 동생이 있는 사람에게 바람이 붑니다."

④ 모두가 움직이고 난 후, 의자를 못 찾은 사람이 원의 가운데 자리에 서서 새로운 라운드를 시작한다. 그룹의 에너지가 어느 정도 올라올 때까지 놀이를 진행한다.

쉬는시간

활동1. 나를 소개합니다.

목   적 : 자기 인식, 자아정체성, 상호이해와 존중, 경청
소요시간 : 30분 (개인 또는 그룹 활동, 또는 한 번에 둘 다 가능)
준 비 물 : A3 or A4용지, 사인펜 또는 볼펜, 배경음악을 들을 수 있는 도구

<활동사진>

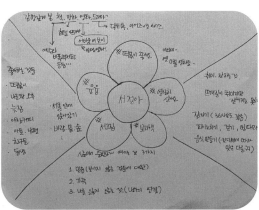

<나를 소개합니다 활동지>

① 한 사람당 펜 한 자루와 A4용지 한 장씩을 나눠준다.	"지금부터 A4용지 한 장과 펜을 나눠드릴게요."
② 가운데 꽃을 간단히 그려 넣도록 안내한다. 동그라미 안에는 자신의 이름을, 각 꽃잎에는 자신을 표현하는 단어나 문장을 적도록 안내 한다. (나머지 공간을 활용해야 하므로 꽃은 너무 크지 않게 그릴 것과 꽃잎은 네 개에서 다섯 개 그리도록 안내한다.)	"종이를 다 받았다면 종이를 가로로 놓고요. 가운데에 꽃을 하나 그릴 거예요. 동그라미를 먼저 그리고, 동그라미에 연결된 꽃잎들을 그려주세요. 이때 꽃이 너무 크면 주변에 공간을 활용할 수 없기 때문에 가운데에 너무 크지 않게 야구공보다 작은 크기로 그려주는 게 좋아요. 꽃이 완성되었다면 동그라미 안에는 자신의 이름을 그리고 꽃잎에는 자신을 표현할 수 있는 단어나 문장을 적도록 해요."
③ 꽃에서 출발하여 방사형으로 5개의 선을 바깥 쪽을 향해서 그리도록 안내한다. (그림 참조)	"꽃을 완성하였으니 이제 꽃에서부터 시작해서 다섯 개의 선을 방사형으로 그릴 거예요. 앞에 보여드리는 그림을 참고하면서 그려봐요."
④ 각 칸에 해당하는 질문을 주고, 그 질문에 대 한 답을 적에게 시간을 준다. (10분) <질문의 예시> 1. 내가 좋아하는 것들은? 2. 내가 살면서 중요하게 여기는 가치 3가지는? 3. 감명 깊게 본 영화/드라마/책은? 4. 지금까지 먹어본 맛있는 음식은? 5. 내가 우리 공동체에 도움을 줄 수 있는 것은? 또는 공동체원에게 도움을 받고 싶은 것은? <추가적인 질문 예시> - 내가 살면서 경험해 보고 싶은 것 3가지는? - 내가 어린 시절 되고 싶었던 것은? - 나에게 친구란 ~이다. 왜냐하면 ~이기 때문이다.	"이제 제가 각 칸에 어떤 내용을 적을지 알 수 있는 질문들을 드릴 거예요. 앞에 적어 놓을 테니 본인의 종이에 질문을 옮겨 적고, 그 질문에 대한 대답을 적어주면 됩니다. 시간은 일단 10분을 드려볼게요. 각자 편안한 장소에서 적어주세요." TIP! 칠판에 질문을 적어준 후, 작업하는 동안 잔잔한 음악을 틀어 작업에 집중하는 데 도움을 주도록 한다.

자아존중감 형성 & 존중의 공동체 문화 만들기

⑤ 작업을 마치면 전체 원으로 돌아오게 한 후, 한 조에 4명 정도가 되도록 인원을 나눠 작은 원으로 동그랗게 앉도록 안내한다. 순서를 정해 준다.

"질문에 대한 답을 다 적으셨다면, 다시 전체 원으로 돌아와 주세요. (다 모여 앉은 후) 이제 소그룹으로 나눠줄 거예요. 제 왼쪽 분부터 한 글자씩 '도, 레, 미, 파, 솔'을 돌아가면서 말할게요. 자신이 무슨 글자를 외쳤는지 잘 기억해 주세요. (확인 후)자, 그러면 이제 같은 글자인 분들끼리 작은 원으로 모일게요."
"같은 글자끼리 모이셨네요. 반갑게 인사를 나눠주시고요. 그 공동체원 중에 가장 머리카락이 긴 사람을 찾아주세요. 그 사람이 1번 순서가 될 거고, 다음 순서는 그 사람의 오른쪽으로 진행할게요."

⑥ 한 사람당 2분씩 자신이 적은 내용에 대해 공동체원에게 공유하는 소그룹 나눔의 시간 준다.

TIP! 시간이 없으면 침묵으로 자신이 적은 종이를 가슴높이로 들고 돌아다니며 상대방과 만나면 눈인사를 한 후 침묵으로 2-30초 정도 읽고 눈인사하고 헤어지는 방법도 있다.

"이제부터 정해진 순서대로 한 사람당 2분씩 사용하여 자신이 작성한 내용을 공동체원에게 읽어주며 공유하도록 할게요. 2분이 다 되면 제가 종으로 안내해드릴 테니 다음 사람으로 넘어가시면 됩니다. 혹시 2분이 되기 전에 이야기가 다 끝나더라도 잠시 침묵으로 기다려 주세요."

⑦ 큰 원으로 앉아 전체성찰을 한다.

성찰 질문 :
- 활동을 마친 지금의 느낌은 어떠한가?
- 질문에 맞게 자신의 대답을 적는 것이 쉽게 되었는가? 어렵게 다가왔는가?
- 자신에 대해서 새롭게 알게 된 것이나 확인하게 된 것이 있는가?
- 공동체원의 소개를 들으면서 기억에 남는 것은?
- 질문에는 없었지만, 나에 대해/공동체원에 대해 추가로 더 확인해 보고 싶은 질문이 있다면?

충전놀이2. 왜 / 왜냐하면?

목　　적 : 재미와 즐거움, 공동체 구축
소요시간 : 10분~15분
준 비 물 : 포스트잇 2가지 색 2세트, 사인펜

① 참여자를 2개의 조로 나눈다.
- 본 교안에서는 전체 참여자를 20명으로 가정하고 진행한다.

"제 오른쪽부터 숫자를 셉니다. 1부터 10까지 큰 소리로 외쳐주세요. 여기는 A조입니다. 10을 센 다음 사람부터 다시 1로 시작해서 10까지 외쳐주세요. 여기까지가 B조입니다."

② 2. A조에게는 질문을 쓰게 하고, B조에게는 응답을 쓰게 한다.

- 질문의 형식은 "왜~~은 ~~일까?"로 한다.
- 응답의 형식은 "왜냐하면, ~~이기 때문이다."로 한다.

"이제부터 A조는 살아오면서 정말로, 흥미롭고 궁금한 것을 이 세상의 모든 것을 알고 있는 현자들에게 물어봅니다. 현자께 드리는 질문의 형식은 '왜 ~~은 ~~일까?'로 해 주세요. 예를 들 면 '왜 첫사랑은 실패하게 되는 것일까?'와 같은 형식의 질문입니다. B조는 모든 것을 알고 있는 (전지전능한) 현자 입장에서 응답을 적어주세요. '왜냐하면 ~~이기 때문이다.'로 분명하고 단호하게, 선언하듯이 답을 적어주세요. 예를 들면 '왜냐하면 물가가 너무 많이 올랐기 때문이다.'와 같은 형식의 답입니다. 자 이제 질문과 답을 동시에 적습니다. 어떤 질문도, 어떤 응답도 모두 환영합니다. 적는 시간은 1분 드릴게요."

③ A조 1번이 자신의 질문을 하게 하고, B조 1번이 자신이 기록한 답을 읽게 한다. 10번까지 차례대로 진행하게 한다.

"자 이제 다 적으셨으면, 어떤 질문과 어떤 응답 들이 펼쳐질지 함께 살펴보도록 하겠습니다. A조 1번이 어떤 분인가요? 자신이 정말로 궁금한 것을 큰 소리로 읽어주실래요? 고맙습니다. 이제 이 세상의 모든 이치를 꿰뚫고 계시는 현자, B조 1번께서 자신의 응답을 읽어주시겠습니까?"

TIP! 참고할 만한 진행자 멘트

*전혀 엉뚱한 응답이 나올 경우: "와우, 현자의 뜻이 너무 심오해서 어떤 의미인지 감히 새길 수가 없네요. 혹시, 현자께서 해석해 주실 수 있나요? 아니면 참여자 중에 다른 분이 현자의 깊은 뜻을 감히 짐작해 주실 분이 있나요?"

*답이 딱 맞아떨어지는 경우: "와우! 멋진 응답 감사합니다."

<- 아무런 발언 없이 담백하게 다음 질문과 응답으로 넘어가도 좋다. 분위기를 봐서 필요한 경우에 위 멘트들을 참고할 수 있다.

④ 조별로 역할을 바꾸어서 한 번 더 하도록 안내한다.

"이제 역할을 바꿔서 해 볼게요. 이미 한 번 경험해 보았으니, 더 흥미롭고 궁금한 질문들과 창조적인 답변들이 나올 수 있기를 기대합니다. 시작해 볼까요? 기록하는 시간은 1분 정도 드릴게요. 이제 B조 1번부터 시작해 볼까요?"

⑤ 수고한 모두를 위해서 함께 박수 치면서, 놀이를 마무리하게 한다.

"어떤 질문과 답이 가장 인상적이었나요? (한 두명의 이야기를 들어본다) 네, 함께 열심히 질문해 주고, 응답해 준 우리 모두를 위해서 '수고했어요. 함께 놀아주셔서 감사합니다'하는 마음으로 박수 치고 마칠까요?"

쉬는시간

충전놀이 1. 개미

목   적 : 아이스 브레이크, 공동체 협력, 재미와 즐거움
소요시간 : 10분
준 비 물 : 참여자, 의자

① 진행자는 참여자들에게 주어진 공간 내에서, 자신의 의자를 가지고 각도와 방향에 상관없이 자유롭게 이동하여 앉도록 안내한다. 이때 진행자가 앉았던 자리에서 의자를 들고 이동하면서 먼저 몸으로 보여준다.

"여러분, 이 공간 내에서 원하는 위치에서 원하는 방향을 보고 아무렇게나 의자를 놓고 앉아볼까요? 앉아 계신 의자를 들고 자유롭게 이동해서 앉아보세요.
다만, 너무 한곳에 모여 있거나, 이 공간 밖으로 나가시는 것은 삼가주세요."

자아존중감 형성 & 존중의 공동체 문화 만들기

② 진행자가 앉았던 자신의 의자에서 가장 먼지 점으로 걸어가 서서 놀이를 설명한다. 개미가 어떤 모습으로 이동하는지 놀이 설명 중에 함께 보여준다. (양팔은 겨드랑이에 딱 붙이고, 다리도 무릎과 허벅지는 떨어지지 않게 걷는 다. 흡사 펭귄처럼 소폭으로 움직인다.)

TIP! 중요한 규칙을 꼭 설명한다.
1. 개미는 사람보다 천천히 움직인다. (보폭을 짧게 해서 움직인다)
2. 처음에 한 번 배치한 의자는 이동시킬 수 없다.
3. 개미를 몸으로 막아서는 안 된다.
4. 한번 자리를 이동하기 위해 일어났으면 앉았던 의자가 아니라 다른 의자로 가서 앉아야만 한다.

TIP! 즐거움을 위해 개미가 이동할 때 일정한 소리를 내면서 가도록 안내할 수도 있다. 개미가 일을 열심히 하여 땀을 뻘뻘 흘리므로, "뻘뻘뻘~"이라는 소리를 내보라고 할 수도 있고, 열심히 걸어가니 "영차, 영차" 소리를 내며 걸어보라고 할 수도 있다.

"여러분, 저는 지금부터 개미입니다. 저는 빈 의자에 앉아서 사람이 될 거예요. 그렇게 빈 의자 에 앉는 것이 성공한다면, 제가 사람이 되고, 제가 앉은 의자에 조금 전에 앉았던 사람이 개미가 되어요. 개미가 걷는 모습은 이래요. 양팔을 겨드랑이에 딱 붙이고, 걸을 때는 보폭이 작게, 무릎과 허벅지가 떨어지지 않게 걸어요. 이렇게 말이죠 (이동하는 예시를 보여준다.)
저처럼 서 있게 되는 사람이 개미이고, 의자에 앉아 있는 사람들은 그대로 사람인데요, 이 둘은 각각 목표가 있어요.
개미는 빈 의자에 앉아서 사람이 되는 것이 목표이고요. 나머지 사람들은 계속 사람으로 남을 수 있도록 열심히 빈 의자를 채우는 것이 목표 예요.
이 놀이를 하면서 우리가 꼭 기억할 것은, 개미는 사람보다 천천히 움직인다는 것, 지금 배치된 의자의 위치는 바꿀 수 없고 사람들만 움직 일 수 있다는 것, 그리고 사람들은 개미의 몸을 건드릴 수 없다는 것이에요. 마지막으로 한 번 자리를 이동하기 위해 일어났다면 다시 그 자리 에 앉는 것이 아니라 어디든 다른 의자에 가서 앉으셔야 해요.
자, 이 내용들을 기억하면서 우리 모두 개미가 아닌, 사람이 되기 위해 최선을 다해봅시다!"

③ 진행자가 먼저 개미가 되어 시범 보여주며, 마침내 개미가 빈 의자에 앉으면, 그 의자에 조금 전에 앉아 있던 사람이 개미가 되었음을 확인시켜 주고 놀이를 이어간다. (개미가 앉은 의자 기준으로 가장 가까이에 앉아있는 사람이 개미가 될 수도 있다.)

TIP! 놀이에 어려운 의자 배치가 이루어진 경우, 개미가 바뀔 때, 의자 배치를 바꿀 기회를 줄 수도 있다.

(빈 의자에 앉게 되면)
"와! 저는 이제 사람이 되었어요. 이 의자에 바로 직전에 앉아계시던 분이 누구시죠? 네, OOO가 이제 개미가 되겠네요. 현재 빈 의자에서 가장 멀리 있는 지점에서 시작하면 되어요. 개미 걸음으로 간다는 것 잊지 말고 해 주세요! 자 출발합니다~!"

"네, OOO가 이제 개미가 되었네요! 그런데 한번 해 보니까 지금 의자 배치가 조금 막혀있고 몰려 있어서 다칠 우려가 있어 보여요. 조금만 흩어져서 의자를 수정해 주시고 시작해 볼게요!"

④ 그룹의 에너지가 어느 정도 올라오면 마무리 한다.

"네, 여기까지 하겠습니다. 함께 놀아줘서 고마워요~"

활동 2. 긍정 확언 활동

목   적 : 자아존중감 형성, 소속감 증진, 신뢰 공동체 구축
소요시간 : 20분
준 비 물 : 긍정 확언이 적힌 카드(우정서클키트 활용 가능), 센터피스

<활동사진>

<긍정 확언 카드예시>

① 긍정확언 카드를 센터피스와 함께 원 중앙에 내용이 보이지 않게 엎어서 펼쳐놓는다.	"가운데에 우리에게 힘을 주는 말들이 담긴 카드를 펼쳐둘게요."
② 자신에게 다가올 말은 온전히 맞이하기로 마음먹으며 잠시 침묵하도록 안내한다.	"앞에 놓인 카드 중의 하나를 여러분이 고르시게 될 텐데, 이때 그 카드에 적힌 말을 온전히 맞이 하기로 해요. 준비하는 마음으로 잠시만 침묵해 보겠습니다."
③ 센터피스 주변에 놓인 카드 중에 자신에게 말을 걸어오는 카드 하나를 집어 오도록 안내한 다.	"자, 이제 앞에 보시고 센터피스 주변에 놓인 카드 중에 자신에게 말을 걸어오는 카드라고 생각 되는 것을 하나 골라주세요. 혹 다른 친구와 겹친다면 기꺼이 양보하고 나에게 말을 거는 다른 카드를 집어 오시면 되겠습니다. 카드를 가져오신 후에는 함께 열어서 보는 시간을 드릴게요. 바로 보지 마시고 잠시만 기다려 주세요."

④ 함께 잠시 그 말을 읽고 마음에 받아들인다. 이 카드에 담긴 말을 내가 온전히 받아들이되, 이 공동체 안에 이 말을 꼭 보태주고 싶은, 선물해 주고 싶은 사람이 있는지 떠올려 보도록 침묵의 시간을 안내한다.

"자, 이제 함께 카드에 적힌 내용을 읽을게요. 그 안에 무슨 말이 적혀있든지 나에게 어떤 의미로 다가오는지 마음으로 받아들여보세요. 그리고 나뿐 아니라 이 말이 들려지면 힘이 되고 보탬이 되겠다 싶은 이 공간 안에 다른 사람도 한 명 떠올려볼게요."

⑤ 토킹피스를 돌리면서, 자신이 받은 카드를 전 체에게 읽어주고, 온전히 자신이 그 말을 품겠 다고 말하거나, 이 말을 함께 맛볼, 선물해 주 고 싶은 사람이 있다면 누구인지 말하고 내용 을 다시 한번 읽어주도록 안내한다.
*응용 : 누구에게 주고 싶은지 이야기한 후 그 카드를 직접 전달할 수도 있다.

"이제 토킹피스를 쭉 돌릴게요. 토킹피스를 받으시면 자신이 받은 카드의 내용을 전체에게 한번 읽어주시고, '이 말을 온전히 내가 품어보겠습니다.'라고 말씀하시고 받으셔도 좋고, 함께 맛보고 싶은 사람이 떠오르셨다면 '저도 이 말을 품겠지만, 이 안에 ~~ 에게도 이 말을 선물하고 싶습니다.'라고, 말씀해 주시고 내용을 읽어주세요."

⑥ 한 바퀴 돌고 나면, 카드는 가운데에 모으고 자신이 선물로 받은 말들을 다시금 떠올려 보 고 마음에 담는 침묵의 시간을 잠시 갖도록 안내한다.

"고맙습니다. 함께 카드의 말을 품어보았고 선물도 해 보았어요. 받으신 카드는 다시 센터피스에 모아주시고, 방금 직접 받은 말과 공동체원으로 부터 선물로 받은 말들을 내 마음에 새기는 의미로 잠시 함께 침묵해 보겠습니다."

⑦ 큰 원으로 앉아 전체성찰을 한다.

성찰 질문 :
- 활동을 마친 지금의 느낌은 어떠한가?
- 나에게 다가온 말이 어떻게 느껴졌는가?
- 내가 온전히 품어보기로 하였는가 함께 품어볼 사람에게 선물하기로 선택하였는가? 그 이유는?
- 이 말을 잊지 않고 올해를 살아보려면 어떤 방법들이 있을까?
- 내가 만난 말 외에도 나를 향해서 해 주고 싶은 칭찬/응원의 말에는 무엇이 있는가?

쉬는시간

전체성찰 <오늘 함께한 후 내가 얻어가는 것은?>

목   적 : 전체 서클의 공간 닫기, 지지하기, 돌봄, 안전감 찾기
소요시간 : 20~30분 (참여자 수에 따라 달라질 수 있음)

① 오늘 서클을 마무리하면서 서클 안에서 어떤 활동과 놀이들을 경험했는지 함께 살펴본다.

② 이 시간을 보내고 나서 '오늘 함께한 후 얻어가는 것에 대해 생각해 보고 함께 돌아가며 이야기 나누는 시간을 갖는다.

"오늘 우리가 서클에서 함께 한 시간을 되돌아볼까요?"

"이제 오늘의 서클을 마무리하려고 합니다. 우리가 서클을 열면서 연결하기를 했던 것처럼 마무리는 돌아가면서 다음의 질문에 대한 대답을 서로 말하고 들으려고 해요.

함께 이야기하고 싶은 내용은 '오늘 함께한 후 내가 얻어가는 것은?'입니다. 잠시 생각할 시간을 가진 후에, 저부터 시작하여 오른쪽으로 가겠습니다."

(잠시 후)"시간이 더 필요하신 분 있으신가요?"
(없다면) "없으시면 제가 먼저 시작하겠습니다."
(있다면) "조금 더 기다리겠습니다."

소중한 이야기 나눠주셔서 감사합니다. 여러분이 발견해 준 보물들 덕분에 이 시간이 더 빛나고 소중하게 다가옵니다.

서클 닫기 <다 괜찮았어, 꼭 필요한 일이야, 참 기대가 돼>

① 손동작과 함께 정해진 문구를 들려주면, 그 구절의 뒤에 부분을 세 번 따라 하도록 부탁한다.

② 박수로 마무리한다.

"이제 서클을 닫는 의식을 하도록 하겠습니다.
제가 하는 손동작과 함께 정해진 문구를 들려드릴 텐데요. 그 뒷부분을 함께 세 번 반복에서 따라 해 주시면 됩니다.

1. (양손을 머리에 얹으면서)
(진행자) 지금까지 나에게 일어난 모든 일은 다 괜찮았어.
(참여자) 다 괜찮았어, 다 괜찮았어, 다 괜찮았어.

2. (양손을 엑스자로 만들어 내 몸을 안아주면서)
(진행자) 지금 나에게 일어나고 있는 모든 일은 꼭 필요한 일이야.
(참여자) 꼭 필요한 일이야, 꼭 필요한 일이야, 꼭 필요한 일이야.

3. (양손을 앞으로 펼치고서)
(진행자) 앞으로 내게 일어날 모든 일이 참 기대가 돼.
(참여자) 참 기대가 돼, 참 기대가 돼, 참 기대가 돼.

오늘 함께 해서 기뻤습니다. 서로에게 박수치며 마칠게요~"

부록

1) 활동지

- 사람보물찾기
- 질문해도 될까요?
- 나를 소개합니다.

2) 부교재 안내

- 긍정확언 카드

1) 활동지_사람보물찾기

교실을 돌아다니며 각 항목에 해당되는 사람을 찾아 그 친구에게 직접 사인을 받고, 질문에 대한 상대방의 답을 간단히 적습니다. 한 사람이 한 항목에만 사인합니다.

1. 생일이 나와 같은 달인 사람 [_____ / 몇 월? _____]

2. 혈액형이 나와 같은 사람 [_____ / 무슨 형? _____]

3. 반려동물이 있는 사람 [_____ / 무슨 동물? _____]

4. 왼손잡이인 사람 [_____ / 장점은? _____ / 단점은? _____]

5. 세 가지 정도 스포츠를 즐기는 사람 [_____ / 세 가지? _____]

6. 매운 음식을 잘 먹는 사람 [_____ / 한 가지는? _____]

7. 집안일을 함께하는 사람 [_____ / 주로 무엇? _____]

8. 어떤 악기로든 한 곡 이상 연주할 수 있는 사람 [_____ / 어떤 악기? _____]

9. 길을 잘 찾아가는 사람 [_____ / 요령은? _____]

10. 같은 꿈을 반복해서 꾸어 본 사람 [_____ / 어떤 꿈? _____]

11. 웃을 때 보조개가 들어가는 사람 [_____ / 마음에 드는지? _____]

12. 가족이 본인 포함 5명 이상인 사람 [_____ / 누구누구? _____]

13. 밤 하늘에서 북두칠성을 찾을 수 있는 사람 [_____ / 또 찾을 수 있는 별자리는? _____]

14. 요리하는 것을 좋아하는 사람 [_____ / 무엇? _____]

15. 민들레 홀씨를 불어서 날려 본 사람 [_____ / 언제? _____]

16. 힘이 되는 사람을 만나본 적 있는 사람 [_____ / 누구? _____]

17. 잘 때 인형을 안고 자는 사람 [_____ / 어떤 인형? _____]

18. 산 정상에 올라 본 사람 [_____ / 느낌은? _____]

19. 생각만 해도 웃음이 나는 실수를 한 경험이 있는 사람 [_____ / 어떤? _____]

20. 유명한사람을만나본사람 [_____ / 누구? _____]

2) 활동지_질문해도 될까요?

1. 어릴 때 아주 신나게 놀았던 기억이 있다면?

2. 능력/돈/시간 등 모든 조건이 뒤따른다면 꼭 해보고 싶은 일은 무엇인가요?

3. 자신에게 있어 정말 좋은 친구는 어떤 친구라고 생각하나요?

4. 기분이 안 좋거나 우울할 때 특별히 하는 일이 있다면 무엇이고 왜 그런가요?

5. 존경스럽거나 닮고 싶다는 마음이 든 사람이 있다면 어떤 사람이었고 왜 그런가요?

6. 나에게 앞으로 다가올 도전이 있다면 무어라 생각하나요?

7. 가보고 싶은 곳이 있다면 어디이고 왜 그런가요?

8. 내가 정말 소중하게 생각하는 시간이 있다면 언제이고 왜 그런가요?

9. 누군가를 도와준 적이 있다면 언제이고 무엇을 도와주었나요?

10. 나에게 자녀가 생긴다면 어떻게 키우고 싶고 왜 그런가요?

11. 깊이 감사를 표현하고 싶은 사람이 있다면 누구이고 왜 그런가요?

12. 나의 이상형은?

13. 어렵고 힘들었지만 극복했던 경험을 떠올려보면, 무엇이 도움이 되었나요?

14. 나중에 꼭 한 번 배워보고 싶은 것은 무엇이고 왜 그런가요?

15. 누군가에게 신뢰 받는다고 느낄 때는 언제이고 왜 그런가요?

16. 나 스스로 자랑스럽거나 뿌듯하게 여기는 것은 무엇이고 왜 그런가요?

17. 나의 강점 3가지, 약점 3가지는?

18. 잘하거나 좋아하는 것 3가지는?

19. 올해 시도해보고 싶거나 의미 있게 해보고 싶은 것이 있다면 무엇이고 왜 그런가요?

20. 내가 고등학교를 세운다면 어떤 학교를 만들어보고 싶은지?

21. 인상 깊게 봤던 책/영화/드라마/만화가 있다면 무엇이고 왜 그런가요?

3) 활동지_나를 소개합니다.

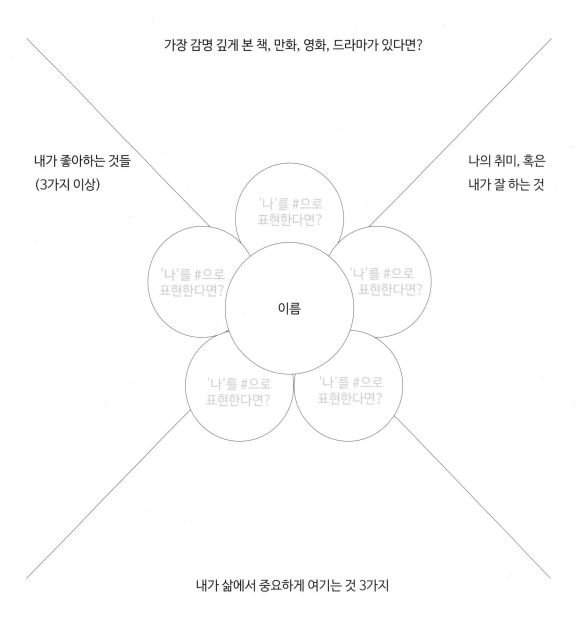

가장 감명 깊게 본 책, 만화, 영화, 드라마가 있다면?

내가 좋아하는 것들
(3가지 이상)

나의 취미, 혹은
내가 잘 하는 것

'나'를 #으로
표현한다면?

'나'를 #으로
표현한다면?

'나'를 #으로
표현한다면?

이름

'나'를 #으로
표현한다면?

'나'를 #으로
표현한다면?

내가 삶에서 중요하게 여기는 것 3가지

2) 부교재 안내 - 긍정확언 카드

긍정확언이란?

미국의 심리치료사이자 긍정확언의 세계적 대가인 루이스 헤이는 우리가 하는 모든 순간의 생각과 말은 하나의 암시이고, 이 암시들이 잠재의식에 영향을 미쳐 장기적으로 생각과 습관을 형성하고 더 나아가 우리의 미래를 만든다고 말합니다. 따라서 무의식에 긍정적 믿음을 각인하는 확언(확실하게 하는 말)을 우리의 삶에 가져와 부정적 생각과 습관을 끊어내는 데에 도움을 받을 수 있습니다. 긍정적 암시는 자신감과 자존감을 북돋고 내면에 평화와 기쁨을 주어 상처를 치유할 힘을 끌어내 줍니다.

'긍정확언 활동' 활동의 좋은 점은?

긍정확언 활동은 '자신에게 필요한 것은 스스로가 잘 알고 있다'는 현인들의 말과 같이 카드에 적힌 문구를 선택함으로써 자신에게 필요한 긍정의 기운을 얻을 수 있습니다. 그 뿐 아니라, 서클에서 활동하는 친구(동료)들과 함께 적힌 문구를 나누고, 선물하는 과정에서 서로에게 긍정적인 에너지를 공유할 수 있도록 돕습니다. 이렇게 긍정확언 활동은 공동체 내에서 각 개인의 자존감 형성을 비롯하여, 신뢰 공동체를 형성해 나가는 데에 도움을 줄 수 있습니다.

'긍정확언 활동'의 카드에 포함되는 문구는?

나는 내가 원하는 것을 말하고 행동할 수 있습니다.

나는 스스로를 사랑하고 내 본래의 모습을 인정합니다.

나는 분노나 화를 느낄 때에도 상대방의 입장을 이해하고 존중합니다.

나는 내가 가진 개성과 취향을 존중하고 즐깁니다.

등.. 총 15개의 문구가 각 카드에 적혀있습니다.

긍정확언 카드가 포함된 우정서클키트 구매를 원하신다면?

네이버스토어 '평화로운 물결상점'

평화롭고 안전한 공동체를 위한 ──────

서클타임

실/전/매/뉴/얼/개/정/판

2024년 5월 29일 초판 1쇄 발행

지은이 | 박진혁, 서정아, 신유식, 정연길
편   집 | 비폭력평화물결 물들이연구소
디자인 | 신영은

(03735) 경기도 하남시 대청로11, 백천빌딩 4층 공간이웃

전   화 | 02-312-1678, 010-4648-1777
e-mail | peacewave@peacewave.kr
홈페이지 | www.peacewave.kr

출판등록 : 2008년 10월 20일 제312-2008-000048호

ⓒ 비폭력평화물결

ISBN 978-89-961934-5-6 13370